Languedoc Roussillon

Mittelmeerküste

Marianne Bongartz

Inhalt

Das Beste zu Beginn

Faisons la fête!
Der Midi versteht es, ausgelassen zu feiern. Vieles findet draußen statt und ist gratis. Eine *agenda* gibt es in den Offices de Tourisme. Seite an Seite mit den Einheimischen feiern Sie bei den kleinen Dorffesten, wo abends an langen Tischen unter freiem Himmel gegessen und anschließend zur *musette*-Musik das Tanzbein geschwungen wird.

Rote Barke gegen blaue Barke
Ein Besuch der *joutes* gehört zu meinen festen Verabredungen im Sommer. Das ›Schlachtengetümmel‹ auf dem Wasser ist immer eine große Gaudi. Eintritt wird nicht erhoben, selbst die Tribünen sind meist frei zugänglich. Per K.-o.-System wird der Sieger ermittelt – das kann Stunden dauern und kostet die Ruderer jede Menge Schweiß (► S. 53).

Grüne Wege
Das Netz der *voies vertes* wird im Languedoc immer dichter gesponnen. Mit jüngeren Kindern können Sie auf den autofreien Pisten ganz entspannt auf Entdeckungsfahrt gehen. Etliche Wege führen zum Strand. Es lohnt also, das Fahrrad ins Auto zu packen; vielerorts gibt's aber auch Leihräder – mit und ohne E-Antrieb (www.af3v.org).

Schlemmen wie Gott in Frankreich
Ein Abend zu zweit im Restaurant strapaziert das Urlaubsbudget schnell mal mit 100 €. Machen Sie es wie die Franzosen und essen Sie die Hauptmahlzeit *à midi*. Wochentags bieten fast alle Restaurants ein attraktives Mittagsmenü. Selbst Sterneköche locken mit Schnupperangeboten.

Nachhaltig Entdecken
Wie wäre es mit einer **Occitanie Rail Tour?** Etwa von Montpellier entlang der Küste bis Perpignan, durch die Pyrenäen nach Toulouse und über Narbonne zurück. Mit dem Pass nutzen Sie die Regionalzüge für 10 €/Tag (www.ter.sncf.com).

Schaufenster guter Lebensart

Unverfälschtes Savoir-vivre bewahren die Wochenmärkte, wo lokale Produzenten ihre Waren feilbieten. Zwischen den Einkäufen für das Mittagessen bleibt hier allemal Zeit für ein Schwätzchen oder für einen *apéro* in der Bar. Wann immer es geht, erledige ich meine Einkäufe in Mèze beim traditionellen Markt am Sonntag. Doch egal, wo Sie in der Region Urlaub machen, Sie werden problemlos Ihren Lieblingsmarkt finden (www.foires-marches.fr und www.marches-producteurs.com).

Sommer, Sonne, Strand

Grundsätzlich ist der Zugang zum Strand überall frei. Wenn Sie mit dem Rad zum Baden fahren, können Sie zudem Parkgebühren und verstopfte Zufahrtswege meiden. Nach ein paar Schritten findet jeder in den Dünen seinen Platz an der Sonne. Die schickere Alternative nennt sich *paillote:* Beach Clubs mit Strandliegen *(transats)* und Lounge-Musik, Bar und Restaurant. Der kleine Luxus ist natürlich nicht kostenlos (www.epaillote.com).

Umsteigen!

Klar, nur mit dem Auto können Sie zu den abgelegenen Winkeln vordringen. In die größeren Städte aber fahren Sie oftmals bequemer und zu einem Spottpreis per Bus und Bahn (► S. 113).

Famille Plus

Sechs Orte an der Küste und drei im Hinterland sind mit ihren Beherbergungsangeboten, Animations- und Betreuungsprogrammen auf Urlaubsgäste mit Kindern eingestellt (www.familleplus.fr).

Die goldenen Strände des Languedoc sind verführerisch, mich aber zieht es ins Hinterland. Dort beginnt der wahre Midi mit Landschaften von zuweilen ungezähmter Schönheit, stillen Dörfern und Schätzen aus einer 2000-jährigen Geschichte.

Fragen? Erfahrungen? Ideen?

Ich freue mich auf Post.

Mein Postfach bei DuMont:
bongartz@dumontreise.de

Das ist das Languedoc-Roussillon

Seit vielen Jahren ist das Languedoc-Roussillon meine zweite Heimat. Als es 2016 mit der Nachbarregion fusionierte, musste auch mich erst an den neuen Namen Occitanie (dt. Okzitanien) gewöhnen. Aber egal welchen Namen ich in Deutschland auch verwende, meist schaue ich in fragende Gesichter und muss erklären, dass ich von der Mittelmeerküste zwischen Camargue und Pyrenäen im tiefen Süden Frankreichs spreche. Dabei muss sich das Languedoc-Roussillon mit seiner unglaublich vielfältigen Landschaft und spannenden Kultur keineswegs hinter seinen prominenten Nachbarn Provence und Côte d'Azur verstecken.

Spiegel einer wechselvollen Geschichte

Roussillon, Languedoc, Occitanie – die Wurzeln dieser Namen reichen bis tief in die Vergangenheit zurück. Sie lassen an die Blütezeit regionaler Feudalstaaten denken, die mit dem Frankenreich im Norden weder Kultur noch Sprache teilten. Das Wörtchen ›ja‹ *(oc)* gab damals dem Süden seinen Namen: In der Oc-citanie wurde die *langue d'oc* gesprochen. Im 13. Jh. waren die Kreuzzüge gegen die ketzerischen Katharer der perfekte Anlass für die französische Krone, den Süden unter sein Joch zu zwingen. Einen eigenen Weg schlug das Roussillon ein. Die Grafschaft am Fuß der Pyrenäen fiel durch Erbschaft an die Grafen von Barcelona (Katalonien), später an die Könige von Aragón, und wurde schließlich zum Zankapfel spanischer und französischer Interessen, die Frankreich im Pyrenäenfrieden 1659 zu seinen Gunsten entscheiden konnte. Die Menschen aber sind in ihrem Herzen bis heute Barcelona verbunden und nennen ihre Heimat stolz Pays Catalan.

Strände von C bis C

Von der Camargue bis zur Côte Vermeille säumen feine, goldgelbe Sandstrände den Golfe du Lion. Nur bei Sète, Agde, Narbonne und Leucate unterbrechen Felsformationen den endlos langen Sand- und Dünengürtel. Wahrhaft grandios zeigt sich die Küste knapp vor der spanischen Grenze, dort wo die Ausläufer der Pyrenäen steil ins Meer abfallen. Lange Zeit brausten die Sonnenhungrigen auf dem Weg nach Spanien achtlos an diesen französischen Traumstränden vorbei. Dann erkannte Paris das Pfund, mit dem es zu wuchern galt: Brackwasserseen wurden trockengelegt und Mücken ausgemerzt. Aus dem Sand wuchsen Bettenburgen aus Beton neben weitläufigen Ferienhaussiedlungen und Campingplätzen. Jachthäfen öffneten den Zugang zum Meer. Dazu die Sonne als verlässlicher Partner. Ein Urlaubsparadies par excellence für Zigtausende Erholungsbedürftige entstand.

Wege, die nach Rosmarin und Thymian duften

Wenn Sie allerdings einen reinen Badeurlaub planen, werden Sie die schönsten Seiten des Languedoc verpassen. Nur wenige Kilometer hinter dem Küstensaum wartet ein einzigartiges Landschaftsspektrum mit vielfältigen Möglichkeiten für einen naturnahen und aktiven Urlaub. Unterwegs

Der Traum vom Haus im Süden – Franzosen aus der Hauptstadt, aber auch Engländer, Deutsche, Holländer und andere besitzen im Languedoc ein ›pied-à-terre‹. Manche Ruine erblühte so in neuer Schönheit. Die Kehrseite der Medaille: Für viele junge einheimische Familien ist ein eigenes Haus unerschwinglich.

auf schmalen Landstraßen überraschen beinahe nach jeder Kurve neue Eindrücke. Idyllische Dörfer und stattliche Weingüter tauchen im Meer der Rebstöcke auf. Im Frühjahr überzieht der Ginster die Karsthügel mit leuchtendem Gelb und hüllt das Land in seinen schweren Blütenduft. Später steigt das würzige Aroma von mediterranen Kräutern in die Nase, und das unermüdliche Zirpen der Zikaden lässt die Luft vibrieren. Wasser und Wind schufen bizarre Felsformationen, Flüsse gruben verwegene Schluchten und atemberaubende Talkessel. Unter der Erde hinterließ das Wasser kilometerlange Höhlenlabyrinthe und Grotten, in denen in Zigmillionen Jahren eine wundersame Welt aus Tropfsteinen entstanden ist.

Ein Fünf-Sterne-Ziel

Mindestens so aufregend wie die Natur ist das kulturelle Erbe des Languedoc. Sechs UNESCO-Welterbestätten sprechen für sich. Burgruinen auf steilem Fels konkurrieren mit romanischen Abteien, mittelalterliche Festungsstädte mit Zitadellen der Neuzeit. Nîmes prahlt mit römischen Prachtbauten, Montpellier hingegen schmückt sich mit avantgardistischen Architekturen von Pritzker-Preisträgern. Collioure und Céret schrieben an der Geschichte der französischen Malerei zu Beginn des 20. Jh. mit und die Hafenstadt Sète überrascht mit ihrem Sinn für zeitgenössische Kunst. Fünf Sterne verdient auch die Weinregion Languedoc mit ihrer unvergleichlichen Vielfalt an *terroirs*. Selbstverständlich können Sie im Languedoc auch wunderbar essen: Jeder Landstrich für sich ist ein Schlaraffenland. ›Leben wie Gott in Frankreich‹ ist hier wahrlich keine leere Floskel.

Languedoc in Zahlen

4

Départements besitzt die Région Occitanie am Mittelmeer: Gard (30), Hérault (34), Aude (11), Pyrénées Orientales (66).

5

Regionalparks schützen die Natur, darunter eine Meereszone.

6

Kilogramm Oliven verarbeitet die Ölmühle Oulibo im Minervois zu 1 l reinem Olivenöl in Kaltpressung.

12

der Plus Beaux Villages de France liegen im Reisegebiet.

14

Jahre, von 1667 bis 1681, dauerte der Bau des Canal du Midi. 12 000 Arbeiter fanden Beschäftigung bei dem Titanenwerk.

18

Monate brauchen die Austern im Etang de Thau bis zur Ernte; die Züchter am Atlantik müssen sich länger gedulden.

33

Michelinsterne leuchten 2023 an der okzitanischen Mittelmeerküste, darunter ein 3-Sterne und vier 2-Sterne-Restaurants.

30

Prozent aller französischen Weine reifen im Languedoc, 244 698 Hektar sind von Reben bedeckt.

220

Kilometer Strände erstrecken sich von der Camargue bis zu den Pyrenäen.

3

Sprachen und Kulturen: Französisch, Okzitanisch, Katalanisch

300

Tage im Jahr scheint die Sonne laut Statistik.

1481

Meter, also 1000 Doppelschritte, misst die Strecke zwischen den Wegsteinen an der Via domitia, die 118 v. Chr. Rom mit seinen gallischen Kolonien verband.

15 000

Einwohner von Béziers wurden 1209 von den Truppen Simon de Montforts niedergemetzelt.

2784

Meter steigt der Canigou auf. Damit ist er zwar nicht der höchste Gipfel der Ostpyrenäen, aber für die Katalonen von großer Symbolkraft.

42 000

Platanen entlang dem Canal du Midi werden bis 2030 gefällt.

600 000

Menschen schätzungsweise protestierten am 9. Juni 1907 in Montpellier gegen die staatlich geduldeten Weinpanschereien.

15 000 000

Urlauber empfängt das Languedoc jedes Jahr. Während der Corona-Pandemie blieben zwar viele ausländische Gäste aus, dafür machten mehr Franzosen Urlaub im eigenen Land.

So schmeckt das Languedoc

Die Küche im Languedoc duftet nach Garrigue, Knoblauch und Olivenöl. Während sich die Küste an den Austern von Bouzigues labt und natürlich an Fisch in jeder Form, schmort im Hinterland Deftiges in der Kasserolle, verleihen im Pays Catalan Kirschen, Aprikosen, Pfirsiche Herzhaftem eine süße Note. Jeder Landstrich trägt mit seinen Spezialitäten zu einer verführerisch gedeckten Tafel bei.

»Bon appetit«
Die Mittagszeit ist in Frankreich heilig. Kurz vor 12 Uhr eilen Handwerker nach Hause, sammeln Eltern ihre Kinder vor der Schule ein, schließen Geschäfte und Sehenswürdigkeiten. Selbst der Autoverkehr lässt nach. Im Vorbeigehen wirft man Ihnen noch ein kurzes *»bon appetit«* zu, dann sitzt ganz Frankreich zu Tisch. Auch Sie sollten sich jetzt flott einen Platz im Restaurant suchen. Am Abend arbeitet die Küche von ca. 19 bis 21 Uhr; im tiefen Süden verschieben sich die Zeiten um eine Stunde nach hinten.

Apéro
Den Feierabend läuten unsere französischen Freunde gern mit einer Einladung zum *apéro* ein. Zum Pastis, Muscat oder Wein werden Knabberzeug, Oliven, Wurst und andere kleine Leckereien rundgereicht. Nach ein, zwei Gläsern löst sich die Runde üblicherweise auf, jeder geht heim zum *dîner.* Aber keine Regel ohne Ausnahme!

Französische Sitten
In Frankreich warten Sie, dass Ihnen der Kellner *(monsieur)* oder die Kellnerin *(mademoiselle* bzw. *madame)* einen Tisch zuweist. Die Frage nach dem Aperitif dürfen Sie ruhig negativ bescheiden. Brot wird zu jedem Essen gereicht. Die ebenfalls kostenlose *carafe d'eau* (Leitungswasser) müssen Sie jedoch häufig extra ordern. Die Rechnung bringt die Bedienung nur auf Aufforderung *(l'addition, s'il vous plaît),* und zwar üblicherweise als Gesamtrechnung. Getrennt zu bezahlen, entspricht nicht der Landessitte. Trinkgeld ist im Preis inbegriffen *(service inclus).* Als Dankeschön für guten Service können Sie natürlich gerne ein paar Euros auf dem Tisch zurücklassen.
Mittags bieten viele Restaurants ein günstiges Tellergericht *(plat du jour)* oder

IM REICH VON BACCHUS

Zwischen Rhône und Pyrenäen lädt das weltweit größte zusammenhängende Weinbaugebiet überall zur Verkostung ein. Eine Vielzahl an Appellation-Weinen (AOC, Europa: AOP) zeigen, dass die Winzer auf Qualität setzen. Die Kriterien für das Gütesiegel erfüllen u. a. Cabardès, Corbières, Collioure, Costières de Nîmes, Coteaux du Languedoc, Côtes du Roussillon, Côtes du Roussillon-Villages, Faugères, Fitou, La Clape, Languedoc, Malepère, Minervois, Pic St-Loup, St-Chinian, Tavel. Eine Spezialität stellen die Vins Doux Naturels (VDN) dar. Zu den natursüßen Weinen gehören sowohl die körperreichen Weine aus Banyuls und Maury als auch die fruchtigen Muscats aus Rivesaltes, St-Jean-de-Minervois, Frontignan, Lunel und Mireval. Nicht zu vergessen ist die Blanquette de Limoux, der älteste Schaumwein weltweit.

Crème catalan – eine Portion Lokalpatriotismus zum Dessert

eine sogenannte *formule* an, die die Wahl zwischen Vorspeise und Hauptgang oder Hauptgang und Dessert lässt. Andere Gerichte können *à la carte* bestellt werden. Sonntags und zum abendlichen *dîner* gilt es als schlechter Stil, lediglich einen Salat oder eine Vorspeise zu bestellen.

Fisch oder Fleisch?
Fisch und Meeresfrüchte beherrschen an der Küste den Speisezettel, wobei längst nicht jeder Fisch aus lokalem Fang stammt. Eine köstliche Vorspeise sind die *anchois de Collioure,* frisch marinierte Sardellen, oft mit gerösteten roten Paprika serviert. Zu den Klassikern zählen das *plateau de fruits de mer,* eine Auswahl an diversen rohen Muscheln und Austern, die *soupe de poisson,* eine sämige Fischsuppe, in die man nach Belieben geröstete Brotwürfel, Aïoli und geriebenen Käse einrührt, sowie *bourride,* ein Fischragout mit Aïoli. Probieren Sie auch mal *tielle,* eine Teigtasche gefüllt mit Tintenfischragout.

So viel kosten etwa ein Menü oder ein Hauptgericht:
€ unter 25 Euro
€€ 25 bis 40 Euro
€€€ über 40 Euro

ROUILLE DE SEICHE

Für den Klassiker aus Sète bevorzuge ich Kalmare *(encornets)* und verfeinere mit Crème fraîche statt Aïoli.

Zutaten für 4 Personen
1 kg Kalmare (ca. 10 cm lang), 6 Knoblauchzehen, 1 Tl Rouille-Gewürzmischung (Rosenpaprika, Chilli, Koriander, Safran), 200 ml trockener Weißwein, 3–5 El Tomatensoße, 125 g Crème fraîche, 1 Lorbeerblatt, Thymian, Salz, Pfeffer

Kalmare putzen, Tuben in mundgerechte Stücke teilen, mit den Tentakeln und den Seitenflügelchen in Olivenöl anschwitzen. Fein gehackten Knoblauch, Rouille, Lorbeerblatt zugeben. Mit Weißwein ablöschen, Tomatensoße unterrühren, salzen. Ca. 15 Min. köcheln lassen, bis die Kalmare weich sind. Crème fraîche zufügen und ca. 5 Min. reduzieren. Dazu passen Reis oder Baguette.

Entenbrust oder Rinderschmorbraten sind gängige Fleischgerichte. Entrecôte ist nicht zu empfehlen, erweist es sich doch oftmals als ein dünnes, relativ zähes Fleischstück. Vorzugsweise im Hinterland werden auch ausgefallenere Speisen wie Schweinebäckchen, Wachteln oder Wild angeboten. Keine leichte Kost ist das berühmte *cassoulet* von Castelnaudary. Typisch für die Küche im Pays Catalan ist die Kombination von Fleisch und Früchten, aber auch *boles de picolat,* Fleischklopse mit weißen Bohnen in pikanter Tomatensoße, kommen hier häufig auf den Tisch.

Käse schließt den Magen
Die Käseplatte ist im Languedoc weniger üppig sortiert. *Pélardons,* kleine Ziegenkäse in verschiedenen Reifegraden, und *bleu de causses,* Blauschimmelkäse aus Schaf- bzw. Kuhmilch, sind AOC-Käse aus regionaler Produktion.

Ihr Languedoc-Kompass

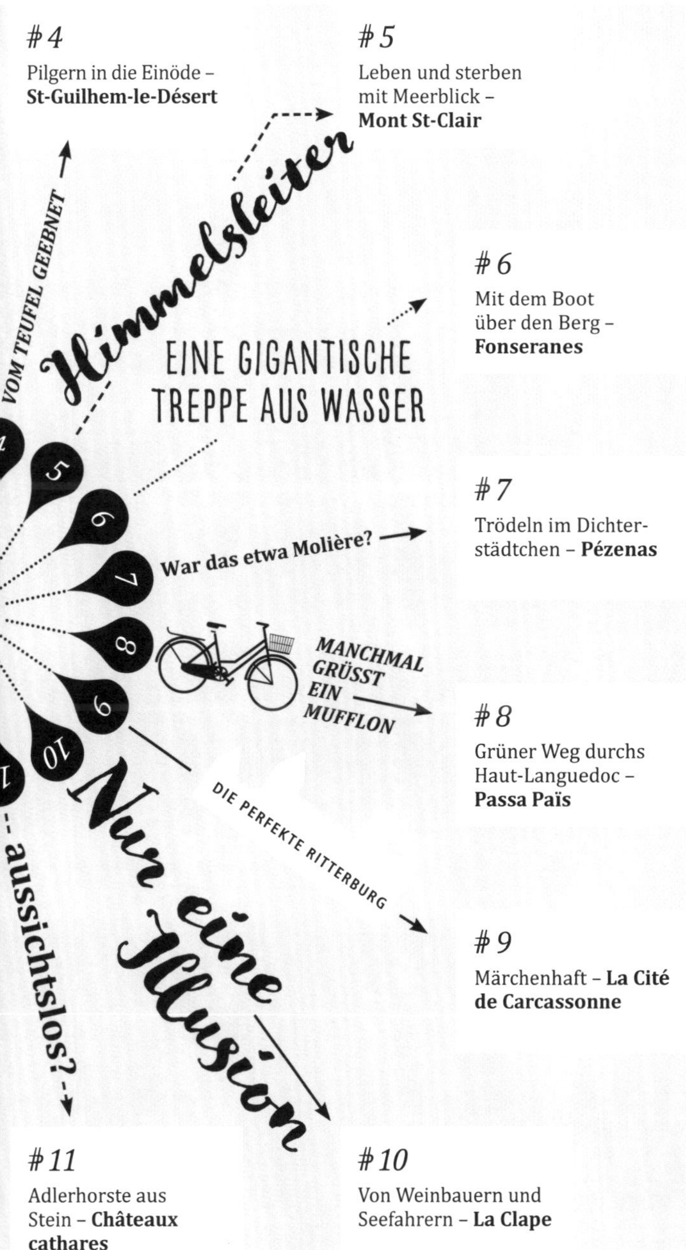

#4
Pilgern in die Einöde – **St-Guilhem-le-Désert**
#5
Leben und sterben mit Meerblick – **Mont St-Clair**
#6
Mit dem Boot über den Berg – **Fonseranes**
#7
Trödeln im Dichterstädtchen – **Pézenas**
#8
Grüner Weg durchs Haut-Languedoc – **Passa Païs**
#9
Märchenhaft – **La Cité de Carcassonne**
#11
Adlerhorste aus Stein – **Châteaux cathares**
#10
Von Weinbauern und Seefahrern – **La Clape**
VOM TEUFEL GEEBNET
Himmelsleiter
EINE GIGANTISCHE TREPPE AUS WASSER
War das etwa Molière?
MANCHMAL GRÜSST EIN MUFFLON
DIE PERFEKTE RITTERBURG
Nur eine Illusion
aussichtslos?
5
6
7
8
9
10

Nîmes und Pays du Gard

Schlank aufragende Zypressen, die über Weinfelder wachen – ein untrügerisches Zeichen, dass Sie im Languedoc angekommen sind. In den Hügeln des Gard kämpft das hellgrüne Laub des Weins mit dem staubigen Grün der Garrigue um die Vorherrschaft. Hier finden sich die beeindruckendsten Zeugnisse aus römischer Zeit: Denken Sie nur an den Pont du Gard oder die Arena in Nîmes. Die Herzogsresidenz Uzès und die Kreuzfahrerhochburg Aigues-Mortes (Foto) lassen hingegen das Mittelalter lebendig werden. Auf einer Fahrt durch das Rhône-Delta offenbaren sich die Traditionen der Camargue. Die Mittelmeerstrände schließlich bieten alles für einen perfekten Badeurlaub.

Nîmes P/Q 8/9

Die Hauptstadt des Département Gard (145 700 Ew.) lädt Sie zu einem Streifzug durch mehr als 2000 Jahre Geschiche ein, besticht aber nicht zuletzt durch ihr mediterranes Flair. Die verwinkelte Altstadt besitzt eine Fülle an Bars, Cafés und Restaurants an lauschigen Plätzen. Die Nîmois wissen entspannt zu genießen.

ERST EIN WENIG GESCHICHTE?

Unter Kaiser Augustus wurde das Römerlager an der dem keltischen Gott *nemoz* geweihten Quelle 45 v. Chr. zur Colonia Augusta Nemausus erhoben. Nach dem Vorbild Roms schmückte sich die Kolonie mit Forum und Amphitheater, Tempeln und Thermen. Aber nach dem Untergang des Römischen Reichs ging es auch mit Nemausus bergab. Erst im 18. Jh. bescherte die Textilverarbeitung der Stadt wieder eine Phase des Wohlstands. In den 1980er-Jahren suchte Nîmes sein provinzielles Image mit kühnen Neubauten abzuschütteln. So entstanden unter der Federführung namhafter Architekten ein neues Stadion, der Carré d'Art sowie diverse Büro- und Wohnkomplexe.

Warum wählte Nîmes ein Krokodil als Stadtwappen? Nein, es war kein Protagonist der Kampfveranstaltungen in der antiken Arena. Wer genau hinschaut, erkennt, dass es an eine Palme gekettet ist. Den hier angesiedelten römischen Veteranen galt die gebändigte Bestie als Symbol des eroberten Ägypten. Sie ließen das Emblem auf Münzen prägen. Heute ist es tausendfach auf Metallknöpfen in das Pflaster der Altstadt eingelassen.

WAS TUN IN NÎMES?

Den Römern auf der Spur

Durch die **Porte d'Auguste** 1 betraten Reisende, die auf der *via domitia* von der Rhône in Richtung Pyrenäen unterwegs waren, das antike Nîmes. Heute ehrt hier eine **Bronzestatue** (Kopie) Kaiser Augustus. Das Tor ist eines der wenigen Relikte der um das Jahr 15 v. Chr. erbauten **Stadtmauer.** Mit einer Länge von 7 km und etwa 80 Türmen umschloss sie eine Fläche, die mehr als fünfmal so groß war wie die heutige, von Boulevards umzirkelte Altstadt, *écusson* genannt. Vom Ruhm römischer Tage zeugen eindrucksvoll die **Arènes** 2 aus dem 1 Jh. n. Chr. (www.arenes-nimes.com, tgl. Juni 9–19, Juli, Aug.9–20, März–Mai, Sept., Okt. 9–18/18.30, Nov.–Feb. 9.30–17 Uhr, 10 €, 7–17 J. 5 €). Zwei übereinandergestellte Arkadenreihen auf ovalem Grundriss lassen das Kolosseum in Rom als Modell erkennen. Mit 133 m Länge, 101 m Breite und 24 000 Zuschauerplätzen sind sie zwar nicht die größte antike Kampfstätte, aber erstaunlich gut erhalten. Die Westgoten nutzten sie als Festung, und noch im 18. Jh. wohnten innerhalb der Mauern mehrere Hundert Menschen, bevor schließlich der Originalzustand wiederhergestellt wurde. Seit 1853 dienen die Arènes den Torreros als grandiose Kulisse für ihr blutiges Geschäft, aber das Oval ist auch Schauplatz für *courses camarguaises,* Konzerte und Theater. Einen spektakulären Blick auf die Arènes genießen die Besucher des Restaurants **Table du 2** 1 auf dem Dach des **Musée de la Romanité** (s. u.). Historisch und architektonisch bedeutsamer als die Arènes ist aber die **Maison Carrée** 3 (tgl. Juni 9.30–19, Juli, Aug. 9.30–20, März–Mai, Sept., Okt. 10–18/18.30, Nov.–Feb. 10–13, 14–16.30 Uhr, 6 €). Der wohlproportionierte, auf einem Podium thronende Tempel wurde um das Jahr 5 n. Chr. zu Ehren des Gaius und des Lucius Caesar, Enkel und Adoptivsohn von Kaiser Augustus, errichtet. Wie das rechteckige und keineswegs quadrati-

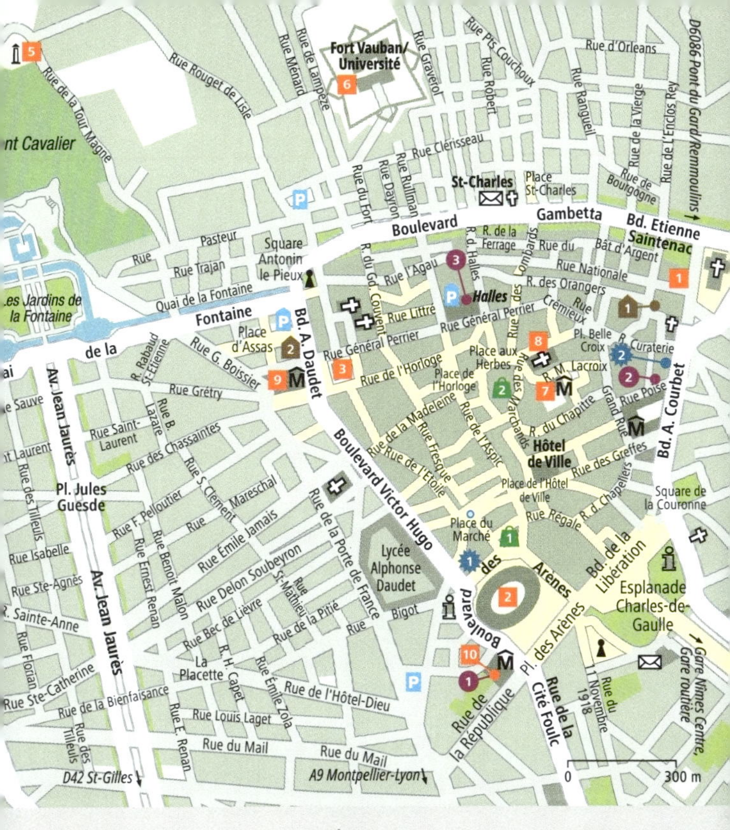

NÎMES

Sehenswert
1 Porte d'Auguste
2 Arènes
3 Maison Carrée
4 Temple de Diane
5 Tour Magne
6 Castellum
7 Musée Vieux-Nîmes
8 Cathédrale
9 Carré d'Art
10 Musée d. l. Romanité

In fremden Betten
1 Central Hôtel
2 Royal Hôtel

Satt & glücklich
1 La Table du 2
2 Nicolas
3 Halles Auberge

Stöbern & entdecken
1 Les Indiennes de Nîmes
2 Huilerie

Wenn die Nacht beginnt
1 La Grande Bourse
2 O Flaherty's

sche (*carrée*!) Bauwerk die Jahrhunderte weitgehend unbeschadet überdauerte, beleuchtet eine Ausstellung in seinem Innern. Neben dem Pantheon in Rom handelt es sich um den am besten erhaltenen römischen Tempel. Ob dies den Eintrag in die UNESCO-Welterbeliste rechtfertigt, entscheidet sich noch 2023.

Die Keimzelle von Nîmes

Die Brunnenfiguren auf der hübschen **Place d'Assas** verkörpern den Quellgott *nemausus* und die Quelle *nemausa*, die ein paar Schritte weiter am Fuß des Mont Cavalier sprudelt. Die Quelle war bereits den Kelten heilig. Die Römer übernahmen den Kultplatz, bauten Tempel, Theater,

Dieser ›himmlische‹ Blick auf die Maison Carrée öffnet sich von der Terrasse des Restaurants Le Ciel de Nîmes oben im Carré d'Art.

Thermen. Erhalten blieb nur die Ruine des sogenannten **Temple de Diane** 4. Die tatsächliche Funktion des Gebäudes aber gibt bis heute Rätsel auf. Mitte des 18. Jh. schuf die Stadt hier mit dem prächtigen barocken **Jardin de la Fontaine** (tgl. April–Aug. 7.30–22 Uhr, März, Sept. 7.30–20, Okt.–Feb. 7.30–18.30 Uhr) Frankreichs erste öffentliche Parkanlage. Auf verschlungenen Wegen erreichen Sie die **Tour Magne** 5 (pl. Apollinaire, tgl. Juni 9–19, Juli, Aug. 9–20, April, Mai, Sept. 9.30–18.30, März, Okt. 9.30–13, 14–18, Nov.–Feb. 9.30–13, 14–16.30 Uhr, 3,50 €) oben auf dem **Mont Cavalier**. Um sein oberstes Geschoss beraubt, ragt der einst größte und höchst gelegene Turm der römischen Stadtmauer immer noch 32 m auf. Im Innern der Ruine führt eine Wendeltreppe – bei Höhenangst ein Problem! – zur Aussichtsterrasse.
Rechter Hand ist das **Fort Vauban** (17. Jh., heute Universität) auszumachen, in dessen Mauerschatten das **Castellum** 6 (rue de la Lampeze/Ecke rue d'Albenas) liegt. Es ist Endpunkt des antiken Aquädukts, über das der Kolonie Quellwasser zugeführt wurde (► S. 20). Das Verteilerbecken ist zwar für Archäologen einzigartig, für den Laien lohnt der Weg dorthin jedoch kaum.

Ein ganz besonderer Stoff

Welche Geschichten Nîmes nach römischer Zeit schrieb, etwa die eines hier gefertigten strapazierfähigen, blauen Baumwollstoffs, erzählt im ehemaligen Bischofspalast das **Musée du Vieux Nîmes** 7 (pl. aux Herbes, Di–So 10–18 Uhr, ab 18 J. 5 €). Der *bleu de Nîmes* (Denim) wurde von *Gênes* (Genua) in die Neue Welt geliefert und eroberte als Blue Jeans den gesamten Erdball.
Die Fassade der angrenzenden **Cathédrale Notre-Dame et St-Castor** 8 (11. Jh., Wiederaufbau 19. Jh.) können Sie bei einem *p'tit noir* von der **Bar des Beaux Arts** aus betrachten. Oder Sie schlendern weiter zu den Café-Terrassen auf der langgestreckten **Place de l'Horloge** oder zur hübschen **Place du Marché**, deren Brunnen das an eine Palme gefesselte Krokodil bewacht.

MUSEEN, DIE LOHNEN

Antike trifft auf Moderne

Das Umfeld der Maison Carrée wurde 1993 von Sir Norman Foster gestaltet. Als Pendant zum antiken Tempel konzipierte der britische Stararchitekt den **Carré d'Art** 9 (pl. de la Maison Carrée, www.

carreartmusee.com, Di–So 10–18 Uhr, Museum 5 €, red. 3 €). Die lichtdurchflutete Glas-Stahl-Konstruktion beherbergt neben Bibliothek und Mediathek das beachtenswerte **Musée d'Art Moderne.** Auch das 2018 eröffnete **Musée de la Romanité** 10 (13, bd. Amiral Courbet, https://museedelaromanite.fr, April–Okt. tgl. 10–19, Nov.–März Mi–Mo 10–18 Uhr, 9 €, 7–17 J. 3 €) sucht den Dialog mit den benachbarten antiken Arènes. Die Ausstellung mit ca. 5000 archäologischen Fundstücken, darunter wunderschöne Mosaikfragmente, beweist, wie spannend Geschichte dank Einsatz multimedialer Technik präsentiert werden kann. Verpassen Sie nicht den Dachgarten!

SCHLAFEN, SCHLEMMEN, SHOPPEN

Klein, aber oho!
Central Hôtel 1

Das Altstadthotel an der Porte d'Auguste hat ein schickes Facelifting erhalten. Die Zimmer, selbst die Suiten, sind zwar sehr schmal, aber topmodern und hochwertig eingerichtet, ruhig und klimatisiert. In der Nummer 403 haben Sie einen super Ausblick über die Stadt.

2, pl. du Château, T 04 66 67 27 75, www.hotel-central.org, DZ €

Alte Mauern, zeitgemäßer Komfort
Royal Hôtel 2

Das kleine Hotel überzeugt mit freundlichem Service und entspannter Atmosphäre. Harmonisches Design zeichnet die 21 Zimmer aus. Die am Innenhof sind zwar dunkler, aber angenehm kühl und ruhig. Denn im Tapas-Restaurant La Bodeguita (Mo–Sa mittags u. abends, €), das sich im Erdgeschoss des Hotels mit Terrasse zur Place d'Assas öffnet, kann es an Sommerabenden recht lebhaft zugehen.

3, bd. Alphonse Daudet, T 04 66 58 28 27, www.royalhotel-nimes.com, DZ €–€€

Ein Tête-à-Tête mit den Arénes
La Table du 2 1

Abgehoben ist die Lage auf dem Dach des Musée de la Romanité, abgehoben sind auch die Gerichte, die die Handschrift von Franck Putelat tragen, dessen Restaurant in Carcassonne zwei Sterne besitzt. Für die perfekte Umsetzung der Kreationen trägt in Nîmes die blutjunge Küchenchefin Ninon Planque Sorge. Die Preise bleiben dabei fast bodenständig.

16, bd. des Arènes, im Musée de la Romanité (eigener Zugang), T 04 48 27 22 22, http://latabledu2.com, tgl. 12–15, 19–23 Uhr, Nov.–März So abends, Mo abends geschl., Menü mittags €, abends €€

Familiensache
Nicolas 2

Auf eine Terrasse müssen Sie hier verzichten, dafür ist der Gastraum urgemütlich und authentisch, mit alten Fliesen und Balkendecke. Auch in der Küche hält Familie Martin die Tradition hoch. Die Klassiker, z. B. Stockfischpüree *(brandade)*, geschmortes Rindfleisch nach Camargue-Art *(gardiane de taureau)* oder Eintopf von der Lotte *(bourride)*, enttäuschen nicht.

1, rue Poise, T 04 66 67 50 47, Di–Fr, So 12–14, Di–Sa 19–22 Uhr, Menü €–€€

In der Markthalle
Halles Auberge 3

Mittags können Sie zum Essen auch in die von Designer Jean-Michel Wilmotte mit Aluminium ummantelten Halles einkehren. In ihrem Bauch gibt es am Tresen von Arlette zur tagesfrischen Hausmannskost immer eine Portion Lokalkolorit.

PROVENZALISCHE MUSTER

Die Compagnie des Indes brachte im 17. Jh. aus den Kolonien die ersten farbig bedruckten Stoffe nach Frankreich. In der Folge entwickelten sich vor allem in Marseille, Aix und Nîmes berühmte Stoffmanufakturen. Bei **Les Indiennes de Nîmes** 1 finden Sie eine gute Auswahl an Hemden, Blusen und Röcken, Tischwäsche und Accessoires in den traditionellen Farben und Mustern (2, bd. des Arènes, www.indiennesdenimes.fr, Mo–Sa 10–12.30, 14.30–19 Uhr).

›Nur‹ eine Wasserrinne – **Pont du Gard**

Als dem antiken Nîmes um das Jahr 40 n. Chr. das Wasser ausging, bauten die Römer kurz entschlossen einen 50 km langen Aquädukt zur Quelle der Eure bei Uzès. Sein zentrales Bauwerk, die Brücke über den Gardon, versetzt die Welt bis heute in Staunen.

Ab dem 4. Jh. konnte der Unterhalt des Acqueduc de Nîmes nicht mehr finanziert werden, Kalk lagerte sich in dicken Schichten ab, bis schließlich kein Wasser mehr floss. Die Steine des antiken Kanals wurden über die Jahrhunderte geplündert, allein der Pont du Gard blieb als Verbindung über den Gardon erhalten. Der Aquädukt wurde zum Viadukt. Im 18. Jh. baute man sogar auf Höhe der unteren Arkadenreihe eine Straße. Bis 1996 verkehrten unmittelbar neben dem antiken Monument Autos, Busse, Lastwagen. Heute flanieren hier jedes Jahr ›nur‹ noch an die 1,5 Mio. Besucher.

Sie wollen den Pont du Gard vom Wasser aus ansehen? Kein Problem! Kayak Vert in Collias verleiht Boote und Ausrüstung.

Spektakulärstes Teilstück des **Acqueduc de Nîmes** ist der **Pont-du-Gard,** der seit 1985 ins Welterbe der UNESCO eingeschrieben ist. Gleich zwei Herausforderungen mussten die römischen Baumeister und Ingenieure beim Bau der Wasserleitung meistern: Zum einen betrug der Höhenunterschied zwischen der Quelle und Nîmes nur 12 m, zum anderen war auf etwa halber Wegstrecke die Schlucht des Gardon zu queren.

Hält seit 2000 Jahren ganz ohne Mörtel

Aus bis zu 8 t schweren Steinblöcken und ganz ohne Mörtel stellten die Baumeister drei Arkadenreihen über dem Gardon aufeinander. Als Basis dienen sechs 22 m hohe und bis zu 24,5 m breite Bögen. Darauf fußen elf 20 m hohe Bögen. Den Abschluss bilden 47 nur 7 m hohe Bögen, über die die Wasserrinne verläuft. Täglich flossen mehr als 35 000 m³ Wasser durch sie hindurch. 24 bis 30 Stunden brauchte das frische Nass von der Quelle der Eure bis nach Nîmes.

Wer sich detailliert über die Konstruktion des Aquädukts informieren will oder neugierig ist, was ein Chorobates ist, und wie die Römer damit die Trasse berechneten, sollte die **Espaces de découverte** 1 am linken Ufer *(rive gauche)* besuchen. Ganz ohne Worte, aber mit faszinierenden Bildern und Animationen erzählt dort auch ein Film im Breitbildformat die Geschichte des Wasserkanals. Kinder tauchen im Bereich **Ludo** spielerisch in die Welt der Römer ein.

Eine steinerne Boa in der Garrigue

Obligatorisch ist natürlich die Überquerung des **Pont** 2, lohnend auch der Blick von den **Aussichtspunkten** 3 hoch über beiden Ufern. Auf der linken Flussseite können Sie den Aufstieg mit einem eineinhalbstündigen Spaziergang durch die **Mémoires de Garrigue** 4 kombinieren. Zwischen typischer Mittelmeervegetation, Wein- und Getreidefeldern, Olivenhainen und Trockensteinmauern schlängelt sich durch diesen Landschaftsgarten ein weiteres beeindruckendes Überbleibsel des Acqueduc de Nîmes, der sogenannte **Pont roupt** 5 (zerbrochene Brücke). Ganz zum Schluss lädt die **Plage** 1 am rechten Flussufer zum Entspannen oder einem erfrischenden Bad im Gardon ein.

▶ INFOS

Im Rahmen der einstündigen **Grande Odyssée du Pont** können Sie sogar die eigentliche Wasserrinne auf der obersten Ebene des Aquädukts besuchen (Reservierung erforderlich, 15 €, 4–17 J. 6 € inkl. Eintritt Espaces de découverte). In 48 m Höhe über dem Fluss ist die Aussicht garantiert gigantisch.
Zu einem besonderen Augenschmaus laden am rechten Ufer von Mitte Juni bis Mitte September **Ton- und Lichtschaus** ein: Les Merveilles du Vivant (Do–So 22.30 Uhr, 15–20 Min., mit Drohnen) und Notre Vaisseau (Mo–Mi 22.30 Uhr, 20–30 Min.). Die Wartezeit vertreibt nach Einbruch der Dunkelheit die Illumination des antiken Bauwerks.

INFOS/ÖFFNUNGSZEITEN

Internet: www.pontdugard.fr
Pont du Gard 2: tgl. 8–24 Uhr; **Espaces de découverte** 1: Juli, Aug. 9–20, April–Juni, Sept. 9–19, März, Okt. 9–18, Nov.–Feb. 9–17 Uhr, Mo erst ab 12 Uhr
Eintritt: ganztägig Parken und Zugang zum Pont du Gard für alle Wageninsassen 9 €, Espaces de découverte ab 18 J. 6,50 €
Bus: mehrmals tgl. liO-Bus 121 ab Nîmes/Gare routière und liO-Bus 115 ab Uzès, Info: www.lio-occitanie.fr
Kayak Vert Pont du Gard: 8, chemin St-Vincent, Collias (5 km westl. des Pont du Gard), T 04 66 22 80 76, www.kayakvert.com, April–Okt., ca. 25 €/Tag

KULINARISCHES FÜR ZWISCHENDRIN

Im Café-Restaurant **Les Terrasses** 1 am rechten Ufer sitzen Sie mit schönem Blick auf den Pont du Gard (T 04 66 63 91 37, *formule* €, Menü €€).

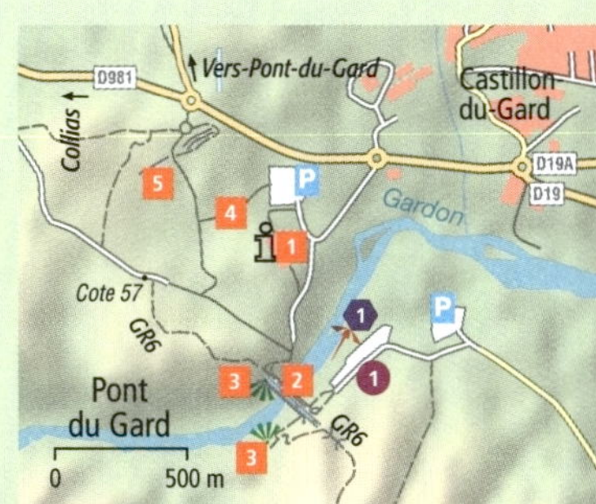

Faltplan: Q/R 7/8

5, rue des Halles, T 04 66 21 96 70, Di–So 10.30–14/14.30 Uhr, Menü €; Stände Mo–Fr 7–19, Sa, So 7–14 Uhr, www.leshallesdenimes.com

Spezereien

Huilerie 2

In der Kaverne des Alibaba verbreiten Gewürze und Kräuter den Geruch aus Tausendundeiner Nacht. Dazu eine große Auswahl regionaler Delikatessen – Mitbringsel, die daheim den Geschmack des Midi auf den Tisch zaubern.

10, rue des Marchands, https://lhuilerie.com, Mo 14.30–19, Di–Sa 9–12.30, 14.30–19 Uhr

Von Bar zu Bar

An den Boulevards rund um das *écusson* laden Bars und Kneipen zu Kaffee oder Apéro, einer einfachen Mahlzeit oder einem geselligen Abend ein. Eines der ältesten Cafés des Landes und Institution der Stadt ist **La Grande Bourse** 1 (2, bd. des Arènes). Den Absacker serviert der irische Pub **O Flaherty's** 2 (21, bd. Amiral-Courbet) auch noch nach Mitternacht und unterhält regelmäßig mit Livemusik.

Infos und Termine

OT: 6, bd. des Arènes, 30000 Nîmes, T 04 66 58 38 00, www.nimes-tourisme.com.
City Pass: Touristenticket für Nîmes.
Pass Romanité: Sammelticket für Arènes, Maison Carrée, Tour Magne, Musée de la Romanité 17 €, 7–17 J. 9 €.
Bahn: Gare Nîmes Centre, bd. Sergent-Triaire. Lokal-, Regional- und Fernzüge sowie Verbindungen zum neuen TGV-Bahnhof Nîmes Pont du Gard.
Bus: Gare routière, pl. de l'Onu (beim Bahnhof), Info: www.lio-occitanie.fr.
Parken/Stadtbus: Mehrere Parkhäuser an den Boulevards rund um die Altstadt. Günstiger parken Sie auf den P+R-Stationen am Stadtrand und nutzen mit dem Parkticket zugleich die Tango-Busse (2 Wageninsassen 2,50 €, bis zu 8 Insassen 4,10 €). Info: www.tangobus.fr.
Feria: Während der fünftägigen Feria de Pentecôte (Pfingsten) und der Feria des Vendanges (Mitte Sept.) vibriert Nîmes im Flamenco-Rhythmus. Die Stierkämpfe selbst locken die wenigsten Besucher.
Les Jeudis de Nîmes: Juli, Aug. Do 18–22 Uhr. Marktstände mit Spezialitäten, Kunsthandwerk und Trödel in der Altstadt. Dazu Straßenmusik.

Uzès

Q 7

Der alte Bischofs- und Herzogssitz nördlich von Nîmes ist eines der reizvollsten Provinzstädtchen (8300 Ew.) im Süden Frankreichs. Am besten kommen Sie samstags, wenn in den verwinkelten Gassen der Altstadt mit ihren schmucken Bürgerhäusern und auf der weitläufigen Place aux Herbes der Wochenmarkt den Midi in seiner ganzen Üppigkeit zeigt.

So lebt Frankreichs Hochadel

Wahrzeichen von Uzès ist die feingliedrig gestaltete, 42 m hohe **Tour Fénestrelle** (rue de l'Evêché), im 12. Jh. als freistehender Glockenturm der **Cathédrale St-Théodorit** erbaut. Die Kathedrale selbst wurde in den Religionskriegen zerstört, der heutige Bau stammt aus dem 17. Jh. Die Vorherrschaft im Stadtbild aber beanspruchen die Türme des wuchtigen **Duché,** der Stammsitz von Frankreichs ehemals ranghöchstem Adelsgeschlecht. Wer sehen will, wie es sich so lebt bei denen von Crussol d'Uzès, muss recht tief in die Tasche greifen. Auch den schönen Ausblick von der Tour Bermonde lassen sie sich gut bezahlen. Schließlich verschlingt der Unterhalt eines so alten Gemäuers viel Geld. Preiswerter gibt es den Blick über die Stadt von der **Tour du Roi** im nahe gelegenen zauberhaften **Jardin Médiéval** (Impasse Port Royal, 7 €).

Pl. du Duché, www.uzes.com, tgl. 10–12/12.30, 14–18/18.30 Uhr, 22 €, 12–16 J. 15 €, 7–11 J. 7 €, Turmbesteigung allein für jedes Alter 14 €

Pour les grands et les petits

Im **Musée du Bonbon** am Ortsrand dreht sich alles um die bunten Naschereien des Haribo-Imperiums, das seit Anfang

Die von Arkaden gesäumte Place aux Herbes diente Uzès schon immer als große Bühne. Hier wurde die Geburt von Prinzen gefeiert, ließ der Henker im Mittelalter Köpfe rollen, unterzeichnete Heinrich IV. das Edikt von Nantes. Welche Geschichten mögen sich hinter den Fassaden der schmucken Bürgerhäuser zugetragen haben?

der 1970er-Jahre eine Niederlassung in Uzès unterhält. Ein Museumsbesuch trifft den Geschmack von Groß und Klein. Probieren Sie mal! Finden Sie nicht auch, dass die Gummibärchen hier anders schmecken als in Deutschland?

Pont des Charrettes, www.museeharibo.fr, Juli, tgl. 10–19, Aug. tgl. 10–20, Sept.–Juni Di–So 10–19 Uhr, 12 €, 5–15 J. 10 €

Klein und charmant

Hostellerie Provençale

Neun Zimmer mit Charme im Zentrum von Uzès. Das Frühstück wird bei entsprechendem Wetter auf der Terrasse mit Blick auf die Stadt serviert. An eine gepflegte Tafel bittet das hauseigene **Restaurant La Parenthèse.**

1–3, rue de la Grande Bourgade, T 04 66 22 11 06, www.hostellerieprovencale.com, DZ inkl. Frühstück €€, Menü mittags €, abends €€€

Einfach (und) köstlich!

Terroirs

Das kleine Multitalent am schönsten Platz der Stadt ist zugleich Delikatessladen und Terrassen-Restaurant. An kühleren Tagen liegen vorsorglich Decken für die Kunden bereit. Tom und Corinne verstehen sich als Botschafter der lokalen Produzenten. Natürlich kommt hier nur Selbstgekochtes auf den Tisch.

5, pl. aux Herbes, T 04 66 03 41 90, www.les-terroirs-restaurant-uzes.com, tgl. 9.30–22 Uhr, Tapas, *tartines*, Tellergerichte €

Infos

OT: Chapelle des Capucins, pl. Albert 1er, 30700 Uzès, T 04 66 22 68 88, www.uzes-pontdugard.com.

In der Umgebung

Flotte Scheibe

St-Quentin-de-Poterie (Q 7, ca. 5 km nördl. von Uzès) macht mit gut zwei Dutzend Töpfer-Ateliers seinem Namen alle Ehre. Bereits im 14. Jh. drehten sich im Ort die Töpferscheiben. Das **Musée de la Potérie Méditerranéenne** (14, rue de la Fontaine, www.musee-poterie-mediterranee.com, Juni–Aug. tgl. 10–13, 15–19,

Mai, Sept. tgl. 10–12, 14–18, Okt., Feb.–April Mi–So 14–18 Uhr, 4 €), das in einer alten Ölmühle untergebracht ist, dokumentiert die Entwicklung von der Gebrauchskeramik bis zum Kunstobjekt.

Villeneuve-lez-Avignon

S 7

Die kleine Schwester von Avignon am rechten Rhône-Ufer sollten Sie keineswegs nur als Brückenkopf zur berühmten Papststadt betrachten. Denn das herausgeputzte Städtchen (13 400 Ew.) besitzt mit einer stolzen Burg und der imposanten Kartause durchaus eigene bedeutende Kulturdenkmäler.

Die Päpste wussten zu leben

Seine Blüte erlebte Villeneuve zur Zeit der Päpste in Avignon (1316–1430). Die geistlichen Würdenträger fühlten sich von der 1293 gegründeten ›neuen Stadt‹ am gegenüberliegenden Ufer der Rhône magisch angezogen und ließen sich dort fürstliche Sommerresidenzen errichten. So auch Kardinal Etienne Aubert, der als Papst Innozenz VI. sein Anwesen 1352 den Kartäusern stiftete. Die **Chartreuse du Val de Bénédiction** entwickelte sich zum bedeutendsten und größten Kartäuserkloster in ganz Frankreich. Seit 1991 beherbergt sie das Nationale Zentrum für Theaterliteratur. Von Ende Mai bis Anfang September lädt in den gepflegten Klostergärten ein Restaurant zur Pause ein.

58, rue de la République, www.chartreuse.org, tgl. Mitte April–Mitte Okt. 9.30–18.30, sonst 10–13, 14–17 Uhr, ab 18 J. 8 €

TERRASSE ÜBER DEM FLUSS

Das Wort *guinguette* lässt Urlaubsstimmung aufkommen. Typischerweise liegt ein solches Ausflugslokal am Wasser. Das Essen ist einfach, aber schmackhaft, die Atmosphäre ganz relaxed und abends illuminieren bunte Lichterketten die Terrasse. In der **Guinguette du Vieux Moulin** am Ufer der Rhône nahe der Tour Philippe-le-Bel ist es nicht anders. Die schön restaurierte Mühle bleibt aber auch über den Sommer hinaus geöffnet, es sei denn, die Rhône hat gerade Hochwasser (5, rue du Vieux-Moulin, T 04 90 14 62 12, www.laguinguetteduvieuxmoulin.com, tgl. mittags und abends geöffnet, €€–€€€).

Grenzfeste

Ein steiles Sträßchen führt auf den Mont Andaon zum **Fort St-André** (14. Jh.), dessen mächtige Mauern ein kleines Dorf samt Kloster umschließen. Die wehrhafte Festung sollte die Macht der französischen Krone an der Grenze zum Heiligen Römischen Reich demonstrieren. Von den monumentalen halbrunden Tortürmen bietet sich ein unvergleichlicher Blick auf Avignon. Innerhalb der Schutzmauern bezaubert der im italienischen Stil angelegte **Garten** der **Abbaye St-André.**

Rue Montée du Fort; **Fort:** www.fort-saint-andre.fr, tgl. Juni–Sept. 10–13, 14–18, Okt.–Mai. 10–13, 14–17 Uhr, ab 18 J. 6 €; **Jardin de l'Abbaye:** www.abbayesaintandre.fr, Di–So Mai–Sept. 10–18, März, April, Okt. 10–13, 14–17/18 Uhr, 9 €, 8–17 J. 7,50 €

Schlichte Eleganz

L'Atelier

21 Zimmer in einem Stadtpalais aus dem 16. Jh., denen einige alte Möbelstücke Individualität verleihen. Besonders begehrt sind die Zimmer, die auf den bezaubernden Hof blicken. Auf der Sonnenterrasse stehen Liegestühle für die Gäste bereit.

5, rue de la Foire, T 04 90 25 01 84, www.hoteldelatelier.com, DZ €€, Frühbucher DZ €

Infos und Termine

OT: 1, pl. Charles David, 30400 Villeneuve-lez-Avignon, T 04 90 03 70 60, https://avignon-tourisme.com.
Stadtverkehr: Mehrmals stdl. Busse nach Avignon, 15 Min. Fahrtzeit.

Villeneuve en Scène: Im Juli hat Villeneuve sein eigenes ambitioniertes Theaterfestival (www.festivalvilleneuve enscene.com).

Aigues-Mortes

🕮 P 10/11

Mit der Errichtung von Aigues-Mortes im Sumpfgebiet der Rhône-Mündung erhielt das Frankenreich Mitte des 13. Jh. den begehrten Zugang zum Mittelmeer. Ritter und Glücksritter aus dem ganzen Land sammelten sich hier, um mit Ludwig IX. auf Kreuzzug zu gehen. Heute zieht die mittelalterliche Festungsstadt Touristen aus aller Welt in ihren Bann.

Auf und innerhalb der Mauern

Anfang des 14. Jh. wurde von Ecke zu Ecke der wichtigen Hafen- und Handelsstadt eine mächtige Mauer gezogen. Aber schon bald machte die Stadt der ›Toten Wasser‹ ihrem Namen alle Ehre: Die Zufahrt zum Meer versandete, Aigues-Mortes saß auf dem Trockenen. Bedeutungslos geworden, konnte die mittelalterliche Festung die Jahrhunderte unversehrt überdauern.

Die 32 m hohe **Tour de Constance,** ältester Teil der **Remparts,** wurde bereits unter Ludwig IX. erbaut. Während der Religionskriege im 17. und 18. Jh. diente der Turm als Staatsgefängnis. An ihm startet der Rundgang über die Stadtmauer mit ihren 15 Türmen und zehn Toren. Vom Wachgang kann der Blick weit übers Land schweifen oder fällt hinab auf die schachbrettartig verlaufenden Straßen der Stadt.

Dort drängeln sich die Besucher vor den Souvenirläden in der Hauptstraße, während in den Seitengassen fast dörfliche Ruhe herrscht. Ziel aller ist die **Place St-Louis** vor der Kirche. Rund um die Statue des hl. Ludiwgs brummt es vor und in den Cafés.

Remparts: www.aigues-mortes-monument.fr, tgl. Mai–Aug. 10–19, Sept.–April 10–17.30 Uhr, letzter Einlass 45 Min. vor der Schließung, ab 18 J. 8 €

190 Stufen sind in der Tour de Constance zu erklimmen, oben entschädigt ein tolles Panorama für die Mühen.

Ganz schön gesalzen …

… sind nicht nur die weißen Salzhügel *(camelles),* die aus der Ferne wie Schneekuppen anmuten, sondern auch die Preise der diversen Besichtigungsangebote der **Salin d'Aigues-Mortes** (rte. du Grau-du-Roi, RD 979, T 04 66 73 40 24, www.visitesalinaiguesmortes.fr). Eine Fahrt im Touristenbähnchen kostet 13 €, eine Entdeckungstour mit dem eigenen Rad ab 19 €. Auch einen Tag am einsamen Salinenstrand können Sie buchen (27 €).

Kostenlos hingegen macht die **Maison du Grand Site de France de la Camargue Gardoise** (rte. du Môle, www.camarguegardoise.com, Feb.–Sept. Mi–So 10.30–12, 13.30–17/18/19 Uhr) mit dem vom Salzwasser geprägten Naturraum vertraut. Wer sich hier auf den ›Holzweg‹ begibt, kann wunderbar die Natur am Etang de Marette beobachten. Das Informationszentrum liegt

Zwischen Meer und Land – **Camargue Gardoise**

Die Camargue – ein leichtes Terrain für Radfahrer? Zwar müssen Sie hier keine hohen Berge überwinden, dafür weht Ihnen der Wind aber fast immer kräftig ins Gesicht. Dennoch ist das Rad auf den schmalen, von Kanälen gesäumten Straßen eine gute Alternative zum Auto.

Bei Arles verzweigt sich die Rhône und umschlingt mit zwei Armen ein weites Mündungsdelta – die Camargue. Nach Westen setzt sich die von Feuchtgebieten, Sümpfen und Brackwasserseen geformte Landschaft in der **Camargue Gardoise,** auch Petite Camargue genannt, fort. Wenn Sie nun Viehhirten auf weißen Pferden und schwarze Rinder erwarten, werden Sie enttäuscht. Auf dieser Tour zeigt sich die Camargue weniger plakativ.

Im **Centre du Scamandre** 4 *sollten Sie von Ihrem Drahtesel steigen und zu Fuß auf die Pirsch gehen: Drei Pfade – Sentier de la Mare (500 m), Sentier du Butor (1,5 km) und Sentier de la Fromagère (4 km) – führen zu den Brutplätzen von Rohrdommel, Reiher und Ibis und zeigen die große biologische Vielfalt des Naturreservates.*

Von Kanal zu Kanal

Von **Vauvert** 1 führt eine *voie verte* parallel zum **Canal Philippe Lamour,** in den 1950er-Jahren zur Bewässerung gebaut, durch Obstplantagen und Weinfelder nach **Gallician** an den **Canal du Rhône-à-Sète** 2. Vom steilen Brückchen am Kanalhafen kann der Blick weit über die glitzernden Wasserflächen der **Etangs du Charnier, de Crey** und **de la Scamandre** schweifen, die von einem dichten Schilfgürtel umschlungen werden. Es gibt noch vier oder fünf Betriebe in der Camargue, die das Schilf in den Wintermonaten schneiden und zu Matten *(paillassons)* verarbeiten, die als natürlicher Wind- und Sonnenschutz Einsatz finden.

Weiter geht die Fahrt über eine schmale Dammstraße parallel zum **Canal de Capettes** 3 zwischen den Etangs hindurch, dem Lebensraum unzähliger Vogelarten. Die meiste Zeit des Jahres verbirgt Schilf die Brut- und Nistplätze vor neugierigen Blicken. Nur auf dem Kanal können Sie einige Wasservögel beobachten. Im Wasser tummeln sich auch gern Biberratten *(ragondins).*

Wer mehr über die Fauna und Flora der Camargue, über ihre Bewohner und deren Traditionen sowie über die landwirtschaftlichen Aktivitäten erfahren möchte, sollte unbedingt im **Centre du Scamandre** 4 anhalten.

Reis wächst nicht nur in Asien

Im Marschland rund um Scamandre widmen sich noch einige Manaden der Pferde- und Rinderzucht. Allerdings verschlingt der Reisanbau zunehmend Fläche, wovon ausgedehnte Felder entlang der D 179 Richtung St-Gilles zeugen.

Vorbei an der **Ecluse de St-Gilles** 5, die eine Verbindung zwischen dem Canal du Rhône-à-Sète und der Petit Rhône herstellt, wird **St-Gilles** erreicht, an dessen **Kanalhafen** 1 Cafés auf eine Rast Lust machen. Das Städtchen war im 11./12. Jh. eine bedeutende Pilgerstation am Jakobsweg. Die dreiportalige Westfassade der **Abteikirche** 6 gilt als einmaliges Beispiel romanischer Bildhauerkunst in Südfrankreich.

Von St-Gilles folgen Sie der Jakobsmuschel (GR 653, rot-weiße Markierung) zurück nach Vauvert. Der Pilgerweg kreuzt die viel befahrene D 6572 und trifft auf den Canal Philippe Lamour, den er auf 3 km säumt. Auf den letzten 6 km müssen Sie ein wenig in die Pedale treten, denn sie führen durch die Hügel der **Costière de Nîmes** leicht bergan.

Um die Böden zu entsalzen und für die Landwirtschaft nutzbar zu machen, wird seit fast 200 Jahren in der Camargue Reis angebaut. Das erforderliche Süßwasser wird im Frühjahr aus der Rhône oder der Petit Rhône auf die Felder gepumpt. Eigenwillige Wege beschritt Reisbauer Bernard Poujol auf dem Mas Neuf de la Motte an der Route de Sylvéreal (D 202), als er 2011 Enten als Feldarbeiter anschaffte. Das gefiederte Personal hält die Felder sauber – ganz ohne Chemie. Mittlerweile haben andere Bauern die Methode kopiert. Den Bio-Reis können Sie bestellen unter https://canardesrizieres.com.

INFOS/ÖFFNUNGSZEITEN

Strecke: knapp 50 km, 1/2–1 Tag

Centre du Scamandre 4: Vauvert, D 179/D 779, T 04 66 73 52 05, www.camarguegardoise.com, Di–Sa 9–18 Uhr

RAD UND BOOT

Wer kein Rad dabei hat, leiht im Port de Plaisance von Gallician bei **Loca-Camargue** 1 (400, rte. des Etangs, T 06 98 97 88 13, https://loca-camargue.fr.) und startet von hier aus. Vermietet werden auch Elektroboote für eine Tour auf dem Kanal. Bei entsprechender Reservierung steht für die Ausflügler, ob zu Land oder zu Wasser, ein üppig gefüllter Picknickkorb bereit.

Faltplan: P/Q 10/11

gegenüber den Salinen am linken Ufer des Stichkanals (frz. *grau*), der Aigues-Mortes mit dem Meer verbindet.

Aktiv ausspannen

Chambres d'hôtes Farniente

Gudrun Bauer hat in der Camargue ihre zweite Heimat gefunden. In ihrem Häuschen in der ruhigen ›Straße der Arbeiter‹ in unmittelbarer Nähe des nördlichen Stadttors vermietet sie drei Gästezimmer, organisiert auch Themenaufenthalte und gibt Französischkurse. Mit Begeisterung erzählt Gudrun ihren Gästen von Land und Leuten. Für den geselligen Plausch ist die Terrasse im Innenhof perfekt.

10, rue des travailleurs, T 06 87 43 92 50, www.farniente-chambres-dhotes-camargue.com, DZ inkl. Frühstück €

Auf der Manade

Mas de la Paix

Sie wollen die Camargue intensiv erleben? Dann übernachten Sie am besten bei einem Stierzüchter. Fünf gepflegte Gästezimmer sowie ein Schäferwagen auf einem Hof *(mas)* mitten im Marschland, auf dem Pferde und Stiere weiden. Morgens stärkt ein reichhaltiges Frühstück. Die Landruhe kann gestört werden, wenn die *manade* (Stier- und/oder Pferdezuchtbetrieb) Gesellschaften bewirtet, sowie bei den Camargue-Abenden jeden Mittwoch im Juli und August.

Manade de St-Louis – Mas de la Paix, Montcalm, D 58, T 06 25 73 84 85, www.manade-saint-louis.com, DZ inkl. Frühstück €€, Gemeinschaftsküche vorhanden

Bistro im modernen Look

L'Atelier de Nicolas

Wohlbefinden stellt sich in diesem kleinen Restaurant mit üppig grüner Pflanzendeko und witzigen Designartikeln ganz automatisch ein. Allein der Anblick der kunstvoll angerichteten Speisen ist ein Genuss. Und erst ihr Geschmack! Nicolas arbeitet ausschließlich mit regionalen und saisonalen Produkten, vorzugsweise aus Bio-Anbau, denen er gekonnt einen modernen, internationalen Touch verleiht. Nur Außenplätze gibt es hier mitten in der Altstadt leider nicht.

28, rue Alsace Lorraine, T 04 34 28 04 84, https://restaurant-latelierdenicolas.fr, Mo, Di, Fr, Sa 12–14, 19–21, So 12–14 Uhr, Menü €€€

Direkt vom Produzenten

Ni vu ni connu

›Unbemerkt‹, wie der Name besagt, blieb das trendige Bootsrestaurant am Kai unterhalb der Tour de Constance nicht lange bei Austern- und Muschelfans. Die Schalentiere fängt der Patron Mickaël Perez persönlich an den Stränden der Camargue. Unbedingt die Linguine mit Venusmuscheln *(palourdes)* probieren! Fleischgerichte, Salate und hausgemachte Desserts werden

So wie bei uns das Adrenalin beim Fußball steigt, fiebert das Rhône-Delta bei der *course camarguaise* mit. Fast jedes Dorf besitzt eine Arena, wo zwischen April und September Mensch und Tier in sportlichen Wettstreit miteinander treten. Unumstrittener Star ist dabei der *biou,* also Stier oder Kuh. Sechs Tiere von meist unterschiedlichen Manaden werden bei einer Veranstaltung präsentiert. Jedes trägt selbstverständlich einen Namen; seine Finten und Schwächen kennt das fachkundige Publikum genau. Aber kein spannendes Spiel ohne furchtlose, flinke *razeteurs,* weiß gekleidet und zwölf an der Zahl. Sie versuchen, im Lauf dem *biou* die Trophäen – *cocarde, glands* und *ficelles* – von den Hörnern zu reißen und sich dann mit einem gekonnten Sprung über die Absperrung in Sicherheit zu bringen. Ein Fanfarensignal eröffnet jede Partie und beendet sie nach 15 Minuten. Der *biou* trottet vom Platz – unversehrt. Für die *razeteurs* trifft dies nicht immer zu.

Mit einem enormen Sprung suchen die ›razeteurs‹ bei der ›course camarguaise‹ den spitzen Hörnern des ›biou‹ zu entkommen. Nicht immer mit Erfolg! Wegen eines zerfetzten Hosenbodens denkt hier aber niemand daran, aufzugeben.

ebenfalls angeboten. Dazu erklingen Jazz und französische Chansons.

Rue du Port, T 07 71 94 30 29, bei Facebook, in den Sommermonaten Mi–So mittags und abends geöffnet, HG €–€€

Sandgewächse

Domaine de Montcalm

Fast am Meeressaum gedeihen im Sandboden die *vins de sables.* Es waren die einzigen Rebstöcke, die von der verheerenden Reblausplage Mitte des 19. Jh. verschont blieben. Denn im Sand konnte sich der Schädling nicht vermehren. Zu *dégustation* und Kauf der frischen, leichten Weine – vor allem Rosés und Weiße, aber auch Rote – bittet das Weingut im Weiler Montcalm.

Domaine de Montcalm, D 58, T 04 66 73 51 52, www.vin-sable-camargue.com, tgl. durchgehend geöffnet

Die Camargue erkunden

Ab dem Kanalhafen in **Aigues Mortes** starten mehrere **Ausflugsboote** zu zwei- oder zweieinhalbstündigen Fahrten durch die Camargue. Der Halt auf einer *manade* gehört zum Programm. Wer es individueller und naturnah mag, wendet sich an die **Maison du Guide** in **Montcalm** (D 58, T 06 12 44 73 52, www.maisonduguide.camargue.fr, Reservierung erforderlich). Von dort begleitet der Ornithologe Jean-Marie Espuche kleinere Gruppen – zu Fuß oder per Fahrrad – in die Naturschutzzone bei der Domaine Départemental de Mahistre. Wenn Sie davon träumen, auf dem Rücken eines Camargue-Pferd das Delta zu durchstreifen, wenden Sie sich am besten an die **Manade de Listel** (Cabane du Daladel, D 58, T 06 20 78 03 74). Hier werden die Pferde allabendlich nach der Arbeit in die Freiheit entlassen.

Infos und Termine

OT: Pl. St-Louis, 30220 Aigues-Mortes, T 04 66 53 73 00, www.ot-aigues mortes.com.

Parken: Kostenpflichtige Plätze P1–P7 und P9 vor den Stadttoren; gratis P8 ca. 600 m nordöstl. der Stadtmauern.

Fête de la St-Louis: Ende Aug., Fest zu Ehren des Stadtgründers mit Mittelaltermarkt und Kostümumzügen.

Im zarten Abendlicht entfaltet der Kanalhafen von Le Grau-du-Roi seinen ganzen Charme. Kein Wunder, dass das Département gerne mit dieser Postkartenansicht wirbt.

IN DER UMGEBUNG

Im Reich des Biou

Auf der D 46 Richtung Norden gebietet die **Tour Carbonnière** (🗺 P 10), im 13 Jh. als Vorposten von Aigues-Mortes erbaut, einen Halt. Ein Naturlehrpfad auf Stelzen erlaubt es, in das sumpfige Gelände am Fuß des Turms vorzustoßen. Von seinem Dach schweift der Blick weit über die Wasserwelten, die die Vistre geschaffen hat. In ihrem Tal liegen die namhaften *manades* – die Gehöfte der Rinder- und Pferdezüchter – der Camargue Gardoise. Das Camargue-Rind können Sie an seinen lyraförmigen Hörnern und dem schlanken Körperbau erkennen. Es wird fast ausschließlich für die *courses camarguaises* gezüchtet. Einer der schönsten Orte für den Besuch eines solchen ›Laufs‹ ist sicherlich **St-Laurent-d'Aigouze** (🗺 P 10). Hier streitet die Arena mit der Kirche, an die sie sich anlehnt, um die Vorherrschaft am Dorfplatz – keine Frage, wer aus diesem Wettstreit als Sieger hervorgeht! Die Bars am Platz jedenfalls machen ihr bestes Geschäft, wenn die Stiere bzw. Kühe ihren Auftritt haben.

Le Grau-du-Roi

🗺 O 11

Der Küstenort (8300 Ew.) scheint vollkommen auf den Tourismus fixiert zu sein. Bars, Restaurants und Souvenirshops am linken Kanalufer (›rive gauche‹) sowie Apartmentanlagen an den Stränden bestimmen das Ortsbild. Wer würde vermuten, dass Le Grau zugleich zweitgrößter Fischereihafen Frankreichs am Mittelmeer ist?

Aug in Aug mit dem Hai

Was den Fischern hier so alles ins Netz gehen könnte, zeigt das **Seaquarium** (av. du Palais de la Mer, Port-Camargue, www.seaquarium.fr, tgl. April–Sept. 9.30–19.30, 2. Hälfte Juli u. Aug. bis 23.30, Okt.–März 9.30–18.30 Uhr, 16 €, 5–15 J. 11,50 €). In den Becken tummeln sich aber auch die Bewohner tropischer Gewässer, darunter 30 Haie. Publikumsliebling sind natürlich die Seehunde. Das Seaquarium steht im 1969 gebauten Ortsteil **Port-Camargue,** mit fast 5000 Liegeplätzen eine der größten

Marinas Europas. Die schnittigen Rennjachten an den Quais und das Klackern der Fallen im Wind lassen Segelfans ins Träumen geraten.

Mitten in der Marina
Le Comptoir des Voiles
Ein idealer Platz für alle, die ein wenig Hafenatmosphäre schnuppern wollen. Eine Schiefertafel dient als Speisekarte. Fisch und Muscheln geben den Ton an, Fleisch und Salate sind aber ebenfalls zu empfehlen. Und erst die Desserts! Kinder lieben die Burger.
3, quai Bougainville, Port-Camargue, T 04 66 51 66 67, bei Facebook, im Sommer tgl. geöffnet, im Winter eingeschränkt, Tagesmenü €

Infos und Termine
OT: Rue du Sémaphore, 30240 Le Grau-du-Roi, T 04 66 51 67 70, www.letsgrau.com.
Courses camarguaises: April–Sept. Sa, So regelmäßig, in der Arena.
Fête de la St-Pierre: Ende Juni, Fest der Fischer mit Bootsprozession.

La Grande-Motte

O 10/11

Mit dem Bau von La Grande-Motte begann Mitte der 1960er-Jahre die touristische Erschließung der Küste des Languedoc-Roussillon. Die Franzosen sollten im eigenen Land Urlaub machen, statt an die Strände Spaniens zu fahren. Die auffälligen pyramidenartigen Wohnanlagen mit runden weiblichen und geraden männlichen Formen konzipierte der Architekt Jean Balladur. 2010 wurde das bemerkenswerte Bauensemble als ein Kulturdenkmal des 20. Jh. gewürdigt.

Organisierte Urlaubsfreuden

Freundliche Farben und sehr viel Grün beleben das Betongebirge, in dem heute etwa 8000 Menschen permanent leben. Sie schätzen ebenso wie die 130 000 Sommergäste jährlich – Tendenz steigend – das üppige Sport- und Freizeitangebot, u. a. den großen Jachthafen, das Thalassotherapiezentrum, den von Robert Trent Jones konzipierten Golfplatz. Der 7 km lange, gepflegte Stadtstrand geht im Westen nahtlos in das Grand Travers über, einen ca. 10 km langen unbebauten Dünenstreifen. Individualisten ziehen es trotz der vielen Vorzüge in der Regel vor, einen weiten Bogen um La Grande Motte – den ›Großen Haufen‹ – zu machen.

Lässiger Strandclub
La Paillote Bambou
Auf bequemen Strandbetten in den Tag hineindösen. Immer mal wieder ins Wasser hüpfen. Zwischendurch im Restaurant stärken. Am Abend bei einem Cocktail in den Sonnenuntergang über dem Meer schauen. – So wird der Strandtag zum Genuss.
Le Grand Travers, Accès 47, T 04 67 56 73 80, www.lapaillotebambou.com, tgl. ab 9.30 Uhr, Liegestuhl/Strandbett ab 17 €/Tag, Gerichte €–€€

Infos
OT: 55, rue du Port, 34280 La Grande Motte, T 04 67 56 42 00, www.lagrandemotte.com.

EIN RIESIGER SANDKASTEN

Der schönste Strand der Occitanie liegt bei Le Grau-du-Roi. Von Port-Camargue aus erstreckt sich Richtung Osten eine 10 km lange, nahezu unberührte Dünenlandschaft. Selbst in der Hochsaison finden Sie an der **Plage de l'Espiguette** (O 11) nach ein paar Schritten ungestörtes Sonnen- und Badevergnügen. Sein östliches Ende ist für FKK reserviert. Emblem des Strands ist der kleine stämmige Phare de l'Espiguette – 111 Stufen führen hinauf (Parking des Baronnets: April–Sept. 7 €/Tag, häufige Staus auf der Zufahrtsstraße).

Montpellier, Coeur d'Hérault, Sète

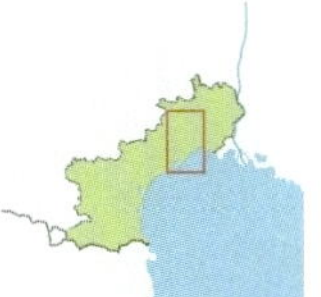

Mit einer Mischung aus mediterraner Lässigkeit und großer Dynamik weiß Montpellier zu verführen. Die Boomtown am Mittelmeer lockt Neusiedler aus ganz Frankreich an und wächst mit rasanter Geschwindigkeit dem Meer entgegen. Auch in Sète und am Etang de Thau wuchern die Neubaugebiete. Doch im Hinterland gibt es sie noch, verschlafene Winzerdörfer im Meer der Rebstöcke und uralte Weiler in wilder Landschaft wie hier das Klosterdorf St-Guilhem-le-Désert in den Gorges de l'Hérault.

Montpellier N 10

Ihre Vorrangstellung als Regionalhauptstadt musste Montpellier (311 800 Ew.) zwar bei der Gebietsreform 2016 an Toulouse abtreten, aber dieser Verlust tut der Attraktivität der Stadt keinen Abbruch. Zuzügler aus ganz Frankreich beginnen hier ein neues Leben. Montpellier profitiert nicht nur von seiner Lage zwischen Meer und Hinterland und dem mediterranen Klima, auch Wissenschaft und Wirtschaft florieren. Mit Theater- und Kino-, Tanz- und Musikfestivals sowie einem breiten Spektrum an Ausstellungen konnte Montpellier sich zudem landesweit einen Namen als Kunst- und Kulturstadt machen.

ERST EIN WENIG GESCHICHTE?

Als Montpellier zur Stadt heranwuchs, hatten seine Nachbarn bereits um die 1000 Jahre auf dem Buckel. Als Teil des Königreichs Mallorca, an das es 1204 durch Heirat mit dem Haus Aragón gefallen war, genoss es politische und steuerliche Freiheiten. Früh schon entstanden eine renommierte Medizin- und eine Rechtsschule. Doch dann suchten Pest und Hungersnöte die Stadt heim. 1349 erwarb die französische Krone sie zurück. Jacques Coeur, gewiefter Kaufmann und Finanzminister Karls VII., bescherte ihr neuen Reichtum durch Leder-und Tuchhandel. Während Kardinal Richelieu zur Zeit der Religionskriege die Wirtschaft in der protestantisch gesinnten Stadt zum Erliegen brachte, fand sie unter dem Sonnenkönig Ludwig XIV. als Verwaltungszentrum des Bas Languedoc neue Aufgaben und Prosperität. In den 1960er-Jahren sorgten die Rückkehrer aus Algerien, die sogenannten *Pieds-noir*, für frischen Wind. Ihren dynamischen Start ins 21. Jh. verdankt Montpellier aber nicht zuletzt seinem langjährigen Bürgermeister Georges Frêche, der seine Visionen gegen manchen Widerstand verwirklichte (▶ S. 38).

WAS TUN IN MONTPELLIER?

Stadt-Theater

Montpelliers Charme machen insbesondere seine vielen hübschen Plätze aus, auf denen das Leben mit mediterraner Leichtigkeit brodelt. Mittelpunkt der ›Open-air-Bühnen‹ ist die **Place de la Comédie.** Von der Terrasse des **Café Riche** 1 (tgl. 7–1 Uhr), dem ältesten Café der Stadt, lassen sich bequem im Sessel zurückgelehnt das Hin und Her der Passanten, die Darbietungen der Straßenkünstler sowie die leise vorbeigleitende Tramway beobachten – ein immer wiederkehrendes und doch immer wieder neues Schauspiel!
Vorbei an der **Fontaine des Trois Grâces** (18. Jh.) und der 1888 nach Pariser Vorbild erbauten **Opéra** 1 zieht der Strom der Flaneure über die breite **Rue de la Loge** in die Altstadt, das *écusson.* Schon bald erreicht er die **Place Jean-Jaurès,** deren Bistros und Caféterrassen, so etwa das **Café Joseph** 2 (tgl. 7–1 Uhr), von der jüngeren Generation bevorzugt werden. Linker Hand um die Kirche **St-Roch** und die zum Kunstraum umfunktionierte Kirche **Ste-Anne** 2 (bis auf Weiteres geschl.) laden Boutiquen und Ateliers zum Schaufensterbummel, intimere Plätze zum Verweilen ein. Rechter Hand lassen die **Rue de l'Aiguillerie** und ihre Seitengassen mit trendigen und alternativen Läden und Cafés die Nähe der Universität spüren. Der vielleicht harmonischste Platz der Stadt, die **Place de la Canourgue,** entstand, als im 17. Jh. eine neue Kathedrale gebaut werden sollte, Richelieu das Vorhaben aber stoppte.

Großstadtallüren

In der Mitte des 19. Jh. ließ Bürgermeister Pagézy Straßen begradigen und erweitern. Das historische Zentrum sollte an Attraktivität und großstädtischem Flair gewinnen. So wurde auch die **Rue**

du Foch, die zunächst Rue Imperial (Kaiserstraße) hieß, in der Manier des Pariser Stadtplaners Haussmann in das mittelalterliche Häusergewirr geschlagen und mit repräsentativen Gebäuden gesäumt. An ihrem Ende rühmt seit 1691 der **Arc de Triomphe** 3 die Taten Ludwigs XIV., in dessen Regierungszeit Montpellier neu erblühte. Durch den Triumphbogen fällt der Blick auf eine **Reiterstatue des Sonnenkönigs** 4. Sie wurde nach langer Irrfahrt 1718 auf der neu geschaffenen Place Royal – heute **Promenade du Peyrou** – an der höchsten Stelle der Stadt enthüllt. Vom **Château d'Eau** 5, einem Wasserturm in der eleganten Form eines antiken Tempels am Ende der Promenade, haben Sie einen fantastischen Blick über Stadt und Land bis zur markanten Silhouette des Pic St-Loup. Gleich unterhalb des Wassertempels verläuft der nach Vorbild des Pont du Gard gebaute **Aqueduc St-Clément,** der einst der Stadt das frische Wasser der Lez-Quelle zuführte.

MUSEEN, DIE LOHNEN

Pathologie und Schöne Künste

Die festungsartige gotische **Cathédrale St-Pierre** 6 weist den Weg zum Kloster St-Benoît, das seit Revolutionstagen Sitz der **Faculté de Médecine** 7 ist. Dort gilt es im Rahmen einer Führung des Office du Tourisme eines der ausgefallensten Museum der Stadt zu entdecken. Leichtes Gruseln garantiert! Das **Conservatoire d'Anatomie** bewahrt eine historische Lehrsammlung mit über 5000 anatomischen Originalpräparaten und Wachsmodellen (wegen Restaurierungsarbeiten ist derzeit nur ein Teil der Sammlung zugänglich). An die Sinne appellieren die Gewächssammlungen im **Jardin des Plantes** 8 (1, bd. Henri IV, Di–So, Juni–Sept. 12–20, Okt.–März 12–18 Uhr). Frankreichs ältester botanischer Garten erlaubt seit 1593 angehenden Ärzten und Apothekern das Studium der Heilpflanzen. Zur Begegnung mit der zeitgenössischen Kunst lädt **Montpellier Contemporain** (www.moco.art) in seine beiden Ausstellungshäuser **MO.CO.** 9 (13, rue de la République, Di–So 11–18/19 Uhr) und **MO.CO. Panacée** 10 (14, rue de l'Ecole de Pharmacie, Mi–So 11–18/19 Uhr). Im Café FAUNE au Mo.Co. samt schönem Garten und im Café de la Panacée legen nicht nur die Besucher der Kunstsammlungen gerne eine Pause ein.

Die Werke der europäischen Malerschulen des 17. und 18. Jh. können Sie im **Musée Fabre** 11 (39, bd. Bonne Nouvelle, http://museefabre.montpellier3m.fr, Di– So 10–18 Uhr, 7 €, red. 5 €) bewundern.

An der Comédie schlägt das Herz der Stadt. Jeder Montpelliérain scheint den Platz mindestens einmal am Tag zu queren. Er entstand im 18. Jh. auf dem mittelalterlichen Stadtwall und entwickelte sich schnell zum neuen urbanen Mittelpunkt.

MONTPELLIER

Sehenswert
- 1 Opéra
- 2 Carré Ste-Anne
- 3 Arc de Triomphe
- 4 Reiterstatue des Sonnenkönigs
- 5 Château d'Eau
- 6 Cathédrale St-Pierre
- 7 Faculté de Médecine (Conservatoire d'Anatomie)
- 8 Jardin des Plantes
- 9 MO.CO.
- 10 MO.CO.Panacée
- 11 Musée Fabre
- 12 Musee Art Brut

In fremden Betten
- 1 Hôtel du Palais
- 2 Hôtel des Arceaux

Satt & glücklich
- 1 Les Bains
- 2 Ånga Beaulieu
- 3 La Bistrote

Stöbern & entdecken
- 1 Odysseum und Planet Ocean

Wenn die Nacht beginnt
- 1 Café Riche
- 2 Café Joseph
- 3 Le Comptoir de l'Arc
- 4 Rebuffy Pub
- 5 Le Rockstore

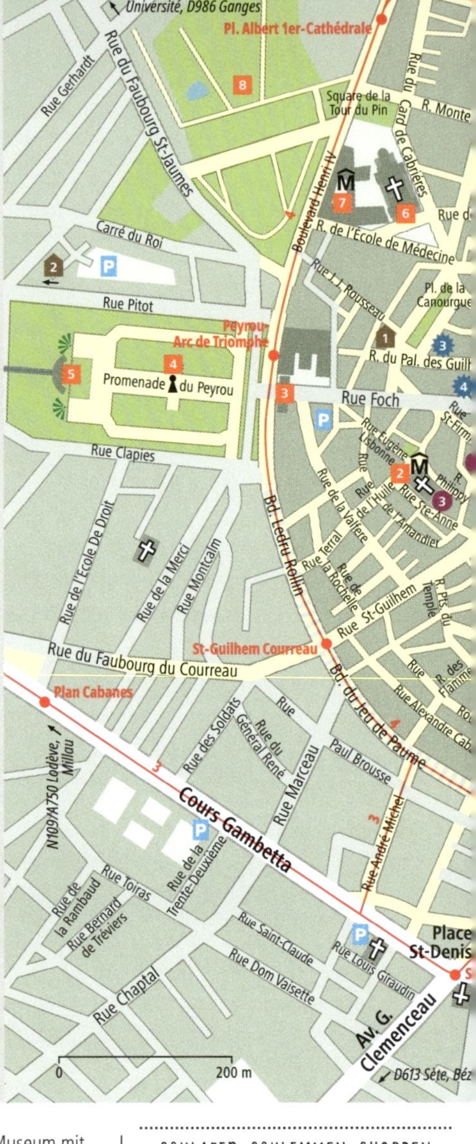

Vor allem aber brilliert das Museum mit exzellenten Sonderaustellungen.

Der leichten und heiteren Seite der Kunst widmet sich das **Musee Art Brut** 12 (1, rue Beau Séjour, Tram Beaux-Arts, www.musee-artbrut-montpellier.com, Mi–So 10–13, 14–18 Uhr, 8 €, red. 6 €) im ehemaligen Atelier und Wohnhaus des Zink-Künstlers Fernand Michel.

SCHLAFEN, SCHLEMMEN, SHOPPEN

Charmantes Altstadthaus
Hôtel du Palais 1
Das 200 Jahre alte Gebäude steht in einer der schönsten Ecken des *écusson*, gleich um die Ecke befindet sich die Place de la Canourgue. Die Fassade aus

hellem Sandstein und das gepflegte Äußere machen Lust, einzutreten. Die 26 Zimmer sind teils etwas klein, aber komfortabel eingerichtet – mal leicht verspielt in zarten Farben, mal sachlicher in kräftigeren Tönen. Parkhäuser liegen in Laufnähe.

3, rue du Palais des Guilhem, T 04 67 60 47 38, www.hoteldupalais-montpellier.fr, DZ €€

Mit romantischem Gärtchen

Hôtel des Arceaux 2

Das Belle-Epoque-Haus vis-à-vis dem Aqueduc St-Clément ist nicht nur von außen hübsch anzusehen. Die 18 Zimmer besitzen ein modernes, aber behagliches Design und tragen jedes eine persönliche Handschrift. Wenn Sie sich einen Luxus gönnen wollen, wählen Sie die Nr. 302

Aufbruch Richtung Meer – **Antigone**

Montpellier zählt zu den dynamischsten Städten Frankreichs. Der avangardistischen Architektur diente es schon Ende der 1970er-Jahre als Spielwiese. Damals beauftragten sie hier einen Stararchitekten mit dem Bau von Sozialwohnungen. So entstand das postmoderne Viertel Antigone.

Als der linke Juraprofessor Georges Frêche 1977 zum Bürgermeister gewählt wurde, platzte Montpellier aus allen Nähten. Seit 1962 hatte sich die Bevölkerung verdreifacht, am nördlichen Stadtrand wucherten gesichtslose Mietskasernen in Billigbauweise. Frêche aber sah die Zukunft der Stadt im Süden. Was lag näher, als in einem ersten Schritt das brach liegende ehemalige Armeegelände zwischen Zentrum und Lez neu zu planen?

Hinterausgang in die Antike

Entwurf und Planung des neuen Viertels **Antigone** vertraute Frêche dem katalanischen Architekten Ricardo Bofill an, dessen bombastisches Architekturensemble aber längst nicht jedermanns Geschmack traf. Die strenge Symmetrie der Plätze und die mit Säulen, Pilastern, Friesen und Giebeln verzierten Fassaden aus sandfarbenem Beton lassen an antike Stätten denken. Statuen rufen die griechische Mythologie wach, und selbst die Straßennamen beschwören das Altertum.

Von der **Comedie** aus führt der direkte Weg in die von Bofill inszenierte hellenistisch-römische Welt durch den Hinterausgang des Einkaufszentrums **Polygone** 1 – ein langlebiges Provisorium. Das einladende Entrée ins Viertel bildet sodann die **Place du Nombre d'Or** 1, wo im begehbaren Brunnen Wasserfontänen im Rhythmus einer stummen Melodie steigen und fallen. Auch auf der **Place de Thessalie** 2 sprudelt kühles Nass. Funktionalität beherrscht dagegen den nächsten Straßenabschnitt, den **Piscine Olympique Angelotti** 1 und **Mediathek** 2 flankieren. Am Ende öffnet sich der 1000 m lange Boulevard mit dem weitläufigen Halbrund der **Esplanade de l'Europe** zum Flüsschen **Lez.**

In den **Halles du Lez** 2 (1348, av. R. Dugrand, http://hallesdulez.com, Di–So 12–22 Uhr), einer Markthalle samt Rooftop und Terrassen, ermöglichen Restaurants, Bars und Lebensmittelstände eine kulinarische Weltreise. Innerhalb kürzester Zeit avancierte der Food Court zur neuen Attraktion am Stadtrand. Mit dem Rad sind es ab dem Hôtel de Région am Ufer des Lez entlang nur zehn Minuten bis dorthin.
Der Ausflug lässt sich wunderbar mit weiterem Architektur-Sightseeing im Viertel Port Marianne und rund um das Bassin Jacques Coeur kombinieren. Oder auch mit einer Radtour an den Strand.

Im Bassin des Ephèbes auf der Place de Thessalie umspielen Wasserfontänen drei Männerbüsten.

Ein Paradies für Architekten

Der riesige gläserne Torbogen des **Hôtel de Region** 3, eine moderne Replika des Pariser Arc de Triomphe am gegenüberliegenden Flussufer, sollte als Symbol der städtebaulichen Neuorientierung verstanden werden. Denn bereits Bofill plante die weitere Expansion Richtung Süden zum Meer.

Die Stadterweiterung nahm aber erst um die Jahrtausendwende Fahrt auf, als Montpellier sich anschickte, das **Hôtel de Ville** 4 am Ufer des Lez neu zu bauen. Den blau-schwarzen Kubus nach Plänen von Jean Nouvel und François Fontès entdecken Sie ca. 1 km weiter flussabwärts. Unmittelbar neben der Pont Juvenal erregt der **Arbre Blanc** 5 des Japaners Sou Fujimoto großes Aufsehen. Der blendend weiße Wohnturm mit seinen 193 frei schwebenden Balkonen wurde unmittelbar nach seiner Fertigstellung 2019 zur schönsten Immobilie der Welt gekürt.

INFOS

Start: Tram-Haltestelle Antigone (Linie 1)

KULINARISCHES FÜR ZWISCHENDRIN

Die **Place du Millénaire** 1 verwandelt sich *à midi* in eine einzige große Caféterrasse im Schatten von Zypressen und Pinien. Am Abend ist die Roof Top Bar in der 17. Etage des **Arbre Blanc** 5 für ein Picknick unter den Sternen ›the place to be‹ (https://larbre-restaurant.fr, Di–Sa 18–1 Uhr).

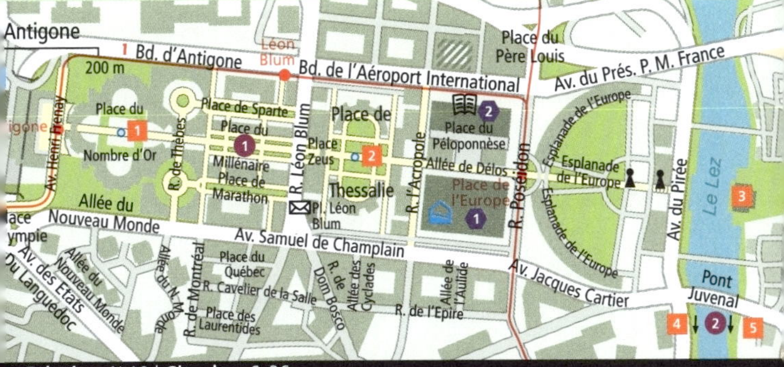

Faltplan: N 10 | Cityplan: S. 36

im Erdgeschoss mit kleinem Balkon und Gartenzugang. Aber auch die preiswerteren Standardzimmer enttäuschen nicht. Zum Frühstück oder zu einem einfachen Abendessen (€) kann man im zauberhaften Garten Platz nehmen.

33–35, bd. des Arceaux, T 04 67 92 03 03, www.hoteldesarceaux.com, DZ €€

Origineller Rahmen

Les Bains ❶

Die Umwidmung der ehemals öffentlichen Bäder der Stadt zum Restaurant ist mehr als geglückt. Hinter dem Portal von 1770 öffnet sich unerwartet eine große Innenhofterrasse mit Palmen und Wasserbecken. Rundum wurden die alten Duschkabinen in intime Salons verwandelt. Die Küche zeichnet sich durch eine asiatische Note aus.

6, rue Richelieu, T 04 67 60 70 87, http://les-bains-de-montpellier.com, Di–Sa 12–14, 19.30–23.30 Uhr, Menü mittags €€, abends €€€

UMSTEIGEN!

Montpellier wächst und die Straßenbahn *(tramway)* fährt hinterher. Seit Sommer 2000 haben vier Linien den Betrieb aufgenommen. Jede von ihnen hat ihr eigenes cooles Design. Verwechslung unmöglich! Große Parkplätze – Parking P+tram – an den Stadteinfahrten sowie unschlagbar günstige Tarife (Parken plus Tramticket für alle Fahrzeuginsassen 5,20 €) bewegen selbst überzeugte Autofahrer zum Umsteigen.

Nachhaltige Küche

Ånga Beaulieu ❷

Seit seiner Eröffnung im Herbst 2015 genießt das Restaurant die Gunst der Kritiker und Gäste. Das ist auch nach dem Umzug ins Carré St-Anne so geblieben. Der Rahmen ist hier schicker, die Komposition der Menüs ausgefeilter. Küchenchef Cyril Garcia arbeitet eng mit lokalen Produzenten zusammen. Von Gault & Millau wurde er mit dem Preis »Grand de Demain Occitanie 2023« ausgezeichnet.

10, rue Saint-Firmin, T 04 67 02 71 62, www.anga-restaurant.fr, Mo 20–22, Di–Sa 12–14.15, 20–22, Menü mittags €€, abends €€–€€€

Einfach Sympathisch

La Bistrote ❸

Das kleine Kneipenrestaurant neben dem Carré Ste-Anne ist leicht zu übersehen, wären da nicht die Außenplätze in der Gasse und die Schiefertafeln mit dem Tagesangebot. Es gibt Salate mit allerlei schmackhaften ›Beilagen‹, Burger mit Fleisch aus dem Aubrac, Tagesgerichte wie daheim bei *maman*. Auch an Vegetarier wird gedacht.

4, rue Philippy, T 04 67 66 14 17, bei Facebook, Mo–Sa mittags, Gerichte €

Gut platziert

Le Comptoir de l'Arc ❸

Das moderne Café-Restaurant an einem der schönsten Plätze der Stadt hat über die Jahre ein wenig Patina angesetzt. Beliebt ist es für einen Apéro, einen offenen Wein am Abend. Sie können hier aber auch noch spät einige Tapas bestellen. Die Bedienung ist immer gelassen.

Pl. de la Canourgue, T 04 67 60 30 79, bei Facebook, Mo–Sa 7–1, So 9–1 Uhr, Gerichte €

Wohnzimmer

Rebuffy Pub ❹

Während tagsüber die Geschäftsleute des Viertels auf einen Kaffee vorbeischauen, nimmt ab dem späten Nachmittag ein jüngeres, studentisches Publikum die Terrasse in Beschlag. Abends ist es auch innen meist brechend voll.

2, rue Rebuffy, T 04 67 66 32 76, bei Facebook, Mo–Sa 11–1, So 15–1 Uhr

ATTRAKTION AM STADTRAND

Zu den großen Neubauprojekten der Jahrtausendwende zählt das **Odysseum** (A 709, Ausfahrt 29, Tram Odysseum). Eine schicke **Ladenstadt** unter freiem Himmel verführt zum Shoppingbummel. Für vielfältige Unterhaltung sorgen u. a. die Eishalle **Végapolis ice parc**, die Kletterhalle **Altissimo,** das Multiplex-Kino **Gaumont** sowie das Aquarium und Planetarium **Planet Ocean** (www.planetocean world.fr, tgl. 10–18, letzter Eintritt 17 Uhr, Oster- und Sommerferien tgl. 10–19, letzter Eintritt 17.30 Uhr, ab 13 J. 19,50 €, 5–12 J. 14 €, 3–4 J. 6,50 €).

Die Kult-Adresse

Le Rockstore 5

Seit über 35 Jahren weist das Heck eines roten Cadillacs, das über dem Eingangsportal einer ehemaligen Kirche aus der Fassade ragt, Freunden rockiger Rythmen den Weg. Am frühen Abend lädt das Café Rock zu Pop Pock und Indie ein. Meist um 19.30 Uhr beginnen die Konzerte. Ab Mitternacht ist dann Clubbing angesagt.

20, rue de Verdun, T 04 67 06 80 00, www.rockstore.fr, Mo–Sa 18–5 Uhr, Club Mi–Sa 24–5 Uhr

Infos und Termine

OT: 30, allée Jean de Lattre de Tassigny, 34000 Montpellier, T 04 67 60 60 60, www.montpellier-tourisme.fr.

Aéroport Montpellier Méditerranée: Mauguio, www.montpellier.aeroport.fr. Zubringerbus 620 plus Tram.

Bahn: Gare St-Roch im Stadtzentrum (TGVs, Regional- und Lokalverkehr). Gare TGV Montpellier Sud de France an der A 9; Zubringerbus 620 plus Tram.

Bus: Terminals an den Endhaltestellen der Tramway-Linien, Infos unter www.herault-transport.fr.

Stadtverkehr: Stadtbusse und Straßenbahnen stehen unter der Regie von **TaM,** ebenso wie Park&Ride-Plätze und der Radverleih **Vélomagg.** Die Stadträder können an 57 Stationen mit der App M'Ticket ausgeliehen werden. Infos unter www.tam-voyages.com.

FISE: Mai, www.fise.fr. Festival der Extremsportarten am und auf dem Lez. Spektakuläre Aktionen (u.a. BMX, Wakeboard) und tolle Stimmung.

Montpellier Danse: Anf. Juni–Anf. Juli, www.montpellierdanse.com. Internationales Tanzfestival im Théâtre de l'Agora.

FAV: Mitte Juni. Das Festival des Architectures Vives weckt auf einem Parcours durchs historische Stadtzentrum Interesse an alter und moderner Architektur.

Festival de Radio France: Zweite Julihälfte, https://lefestival.eu. Hier steht Musik von Klassik über Jazz bis Elektronik auf dem Programm.

IN DER UMGEBUNG

Mit dem Rad ans Meer

Die beiden Badeorte **Carnon-Plage** und **Palavas-les-Flots** (🕮 N/O 11) mit ihren kilometerlangen Dünenstränden liegen auf einem schmalen Lido zwischen Etangs und Meer. Von Palavas kann ein ausgiebiger Strandspaziergang zur ehemaligen **Cathédrale St-Pierre de Maguelone** (12. Jh.) führen, die fast ganz vom Etang de Prévost umspült wird. Einen Badeausflug und den Besuch von Maguelone können Sie von Montpellier aus auch mit einem Rad von Vélomagg unternehmen.

Zwischen Weinreben und Garrigue

Das sonnenverwöhnte Hügelland nördlich von Montpellier wird von der markanten Silhouette des **Pic St-Loup** (🕮 M 9) beherrscht. Montpelliers Hausberg ist namensgebend für das Appellations-Weinbaugebiet zu seinen Füßen. Schilder mit der Aufschrift ›*dégustation*‹ weisen zu *domaines* mit Direktverkauf. Einst jedoch waren die Hügel nördlich des Pic St-Loup dicht bewaldet und lieferten Glasbläsern den nötigen Brennstoff. Bis zur Revolution florierte ihr Handwerk in der Gegend. In **Claret** (🕮 N 8) beleuchtet die **Halle du**

Von Cazevieille führt ein steiler, steiniger Weg hinauf auf den Pic St-Loup. Nehmen Sie die Anstrengung auf sich, das Panorama ist umwerfend!

Verre (50, av. du Nouveau Monde, Juli, Aug. tgl. 10–13, 14–19, Mai, Juni, Sept.–Nov. Mi–So 14–18 Uhr, ab 18 J. 5 €) die Glaskunst von der Antike bis heute. Auf dem Rückweg nach Montpellier lohnt **St-Martin-de-Londres** (🕮 M 9) mit einem pittoresken Ortskern und einer frühromanischen Kirche (11. Jh.) den Besuch.

Info: https://grandpicsaintloup.fr.

Im Herzen des Weinbergs
L'Auberge du Cèdre

Das alte Herrenhaus der Domaine de Cazeneuve wurde in eine freundliche Herberge verwandelt. Ihre 19 Zimmer eignen sich auch gut für den Familienurlaub. Die Einrichtung ist ansprechend, ohne Schnickschnack. Es gibt auch einen *gîte* und vier Plätze fürs Zelt. Im Park erfreuen alte Bäume und ein Pool. In der Orangerie und auf der Terrasse wird während der Woche Bistroküche serviert. Mittags sind dazu auch Nicht-Hausgäste eingeladen. Von Freitagabend bis Sonntagmittag öffnet das **Restaurant.** Das Halbpensions-Angebot ab zwei Übernachtungen ist zu empfehlen.

Domaine de Cazeneuve, Lauret, D 17, T 04 67 59 02 02, https://auberge-du-cedre.com, DZ inkl. Frühstück €–€€, Restaurant Menü €€–€€€ (Reservierung erforderlich); Bistro Menü €–€€

Eine unterirdische Kathedrale

In der **Grotte des Demoiselles** (🕮 M 8) beflügeln zauberhafte Tropfsteinfiguren die Fantasie. Zentrum der Höhle ist ein riesiger Saal mit einem überaus reichen Ensemble an Stalagmiten und Stalagtiten, das eine Lichtschau effektvoll in Szene setzt.

St-Bauzille-de-Putois, https://demoiselles.com, ganzjährig tgl. 80-minütige Führungen April–Anfang Okt. 10.30–16.30, Juli, Aug. längere Öffnungszeiten, 14 €, 13–17 J. 12 €, 4–12 J. 10 €, Familie (2 Erw.,2 Kinder 4–12 J.) 44 €

Lodevois-Larzac

🕮 K/L 8–10

Im Herzen des Départements Hérault können Sie atemberaubende Landschaften, kleine Provinzstädtchen und steinalte Dörfer entdecken. Allerdings müssen Sie Zeit mitbringen, denn die Straßen sind kurvenreich und schmal.

Mit Gebrüll

Wenige Kilometer nördlich von **Gignac** (🕮 L 10) stößt die weite grüne Ebene des Hérault an die Abhänge des Larzac. Durch das Felsmassiv hat der Fluss eine wilde Schlucht getrieben, in der das Klosterdorf **St-Guilhem-le-Désert** liegt (▶ S. 44). Welche Schätze sich unter der Erde verbergen, offenbart die **Grotte de Clamouse** (www.clamouse.com, Juli, Aug. 10–17.30, Juni, Sept. stündl. 10.30–17/17.30, April–Mai, Okt. stündl. 10.30–16.30 Uhr, 15,40 €, 13–18 J. 12,40 €, 4–12 J. 8,80 €), die mit zarten, weißen Kristallblumen verzaubert. Hindurch fließt ein Bach, der sich nach starken Regenfällen mit ›Gebrüll‹ (okz. *clamousa)* in den Hérault stürzt.

A la Campagne
Domaine de Pélican

Die *chambres d'hôtes* auf einem Weingut (18. Jh.) außerhalb von Gignac lassen den Traum vom südfranzösischen Landleben wahr werden. Neben fünf Gästezimmern gibt es auch einen *gîte* und Campingplätze im Pinienwäldchen. Ein Swimmingpool und der Blick über die Reben auf den Pic St-Baudille machen die Idylle komplett.

Chemin de Pélican, Gignac, T 04 67 57 68 92, www.domainedepelican.fr, DZ inkl. Frühstück €€, *table d'hôtes* €€

Blick in den Abgrund

Durch die Weinlagen der **Terrasse du Larzac** windet sich die Straße von Gignac hoch nach **La Vacquerie-et-St-Martin-de-Castries** und läuft dann über die weite Einöde der **Causse du Larzac** schnurgerade auf **St-Maurice-Navacelles** zu. Am Ortsausgang folgen Sie der Beschilderung links zum Südrand des **Cirque de Navacelles** (🕮 L 8). Vom **Baume Auriol** (Infostelle mit Restaurant/ Bistro, www.cirquenavacelles.com, April–Okt. Do–Di) fällt der Blick in den 300 m tiefen Abgrund des Talkessels. Wie mit einem gewaltigen Bohrer hat die Vis diesen gigantischen Krater ins Karstgestein gefräst. Die Fahrt über etliche enge Serpentinen hinab zum Dörfchen **Navacelles** im Zentrum des Cirque ist nichts für zarte Nerven und dicke Campingcars. Im Hochsommer steigen Sie am besten in den Pendelbus um (Juli, Aug. 9.45–18.45).

Unten im Dorf heißt es, hinein in die Wanderschuhe und der Vis flussauf zur **Source de la Foux** folgen. Dort hütet ein altes Mühlengebäude die spektakuläre ›Wiedergeburt‹ *(résurgence)* der Vis. Mit lautem Getöse schießt der Bach aus einer mächtigen Quelle im Fels aus seinem unterirdischen Bett hervor. Nach der Wanderung, die ca. drei Stunden dauert, können Sie sich je nach Wetter in der Kaskade in Navacelles abkühlen und in der **Auberge de la Cascade** (www.auberge-de-la-cascade.fr) stärken. Bei Bedarf finden Sie hier auch ein Zimmer für die Nacht. Die Rückfahrt führt über den Causse hinab nach Lodève.

Info: www.tourisme-lodevois-larzac.fr

»Ehre gebührt der Arbeit«

Für Kunstinteressierte lohnt ein Halt in der ehemaligen Bischofsstadt **Lodève** (🕮 K 9; 7300 Ew.), deren **Heimatmuseum** im Geburtshaus des Kardinal Fleury (Square George-Auric, www.museedelodeve.fr, Di–So 10.30–13, 14–18 Uhr, 10 €) regelmäßig mit hochkarätigen Sonderausstellungen von sich reden macht. Sowohl Lodève als auch **Clermont l'Hérault** (🕮 K 10; 9400 Ew.) verhalfen einst Gerberei, Weberei und Tuchhandel zu einem gewissen Wohlstand. Noch bis 1954 war im benachbarten **Villeneuvette** die **Manufacture Royal** in Betrieb. Zeitweise arbeiteten dort bis zu 800 Weber und Färber getreu dem Motto über dem Eingangstor »Honneur au travail«. Heute haben in den ehemaligen Produktionsstätten und Arbeiterhäusern Künstler und Kunsthandwerker Quartier bezogen.

ALLES IN ÖL

Hinter unscheinbarer Fassade entpuppt sich der Laden der **Huilerie Confiserie Coopérative** (13, av. Président Wilson, www.olidoc.com, Mo–Sa 9–12.30, 14–19, So 9–12.30 Uhr) in Clermont-l'Hérault als wahre Fundgrube für kulinarische Reiseandenken. Außer Produkten aus Oliven finden Sie eine reiche Auswahl regionaler Weine und Delikatessen.

Pilgern in die Einöde – **St-Guilhem-le-Désert**

Als sich um das Jahr 1000 das christliche Abendland auf Pilgerschaft zum Grab des hl. Jakob begab, war St-Guilhem-le-Désert in den weltfernen Gorges de l'Hérault eine der wichtigsten Stationen. Der Teufel persönlich ebnete den Pilgern den Weg durch die Schlucht.

Guilhem, der an der Seite Karls des Großen gegen die Mauren gekämpft hatte, entsagte nach dem Tod seiner Frau allem Weltlichen und gründete 804 am Verdus ein bescheidenes Priorat, in dem er am 12. Mai 812 starb. Sein Grab zog schon bald unzählige Wallfahrer an, sodass dank der großzügigen Spenden der Gläubigen um 1050 ein beeindruckendes Kloster errichtet werden konnte und rundum das Dorf Gellone erblühte.

Teufelswerk

Noch heute machen Jakobspilger, die auf dem **Chemin d'Arles** unterwegs sind, in St-Guilhem-le-Désert halt. Doch die meisten Besucher reisen motorisiert an. Ein großer Parkplatz vor dem Ausgang der **Hérault-Schlucht** samt Zubringerbus soll den Ansturm in der Hochsaison kanalisieren. Die **Maison du Grand Site** 1 informiert umfassend über das Klosterdorf, das seit 1998 zum UNESCO-Welterbe gehört, und die umliegende Natur. Auf einem Fußweg gelangen Sie in ca.

Dem Teufel passte es gar nicht, als die Mönche von Aniane und Gellone den Kontakt zwischen ihren Klöstern durch eine Brücke vereinfachen wollten. Allnächtlich zerstörte Satan ihr Werk, bis sie ihm die Seele des ersten Brückenbenutzers versprachen. Jedoch waren die frommen Männer mit allen Wassern gewaschen und schickten einen Hund über die Brücke in die Fänge des Teufels.

20 Minuten zur mittelalterlichen **Pont du Diable (Teufelsbrücke)** 2. Der Kieselstrand am Fuß der Brücke ist im Sommer ein gefragter **Badeplatz** 1. Auch Kanus können Sie mieten und in die enge Felsschlucht hineinpaddeln. Wer sich für Töpferei interessiert, spaziert über die Brücke in ca. 10 Minuten zum **Argileum** 3 in St-Jean de Fos.

Ans Ende der Welt

Vorbei an der Grotte de Clamouse und den Ruinen einiger Mühlen geht es durch die Hérault-Schlucht nach **St-Guilhem-le-Désert.** Von der Durchgangsstraße steigt die schmale, von Ateliers und Souvenirshops gesäumte Hauptgasse zum Platz vor der **Klosterkirche** 4 an, über den eine mehr als 150-jährige Platane ihren Schatten wirft – außerhalb der Hochsaison ein perfekter Ort für eine Erfrischung! Die dreischiffige Klosterkirche ist in ihrer harmonischen Einfachheit charakteristisch für die Romanik im Languedoc. Von ihrem einst prächtigen Kreuzgang zeugen jedoch nur noch einige ärmliche Fragmente. Er war nach der Revolution abgerissen und Stück für Stück verkauft worden. Seine Säulen, Kapitelle und über 140 Skulpturen schmücken heute das Cloisters Museum in New York.

Eine meiner Lieblingswanderungen führt aus dem Tal des Verdus zu den **Fenestrettes** 2, die Sie hoch oben in der Felswand des Cirque de l'Infernet erspähen können. Die Mönche von St-Guilhem befestigten im 18. Jh. mit diesen gemauerten Bögen in schwindelnder Höhe einen uralten Herdenweg zur Causse de Larzac, den auch die Jakobspilger nutzten. Während die Pilgerroute hinter der Passage nach rechts abschwenkt, führt der gelb markierte Rundweg links bergan zum Belvedere **Max Nègre** und bergab zurück ins Klosterdorf (ca. 3,5 Std., 10 km).

INFOS/ÖFFNUNGSZEITEN

Web: www.saintguilhem-valleeherault.fr
Maison du Grand Site 1: April–Okt. tgl.; **Argileum** 3: Juli, Aug. tgl. 10–19, April–Juni, Sept., Okt. Di 14–18, Mi–So 10–13, 14–18 Uhr, 6 €, 10–18 J. 3,50 €
Parken: am Grand Site Juli, Aug. tgl., Ostern, Mai, Juni, Sept. Sa, So, Fei 6 € inkl. *navette* ins Dorf, sonst frei; im Dorf begrenzte Parkplätze 2.30 Std.5 €
Abbaye de Gellone 4: tgl. 8–18 Uhr; Kreuzgang über Mittag geschl. (Mo–Sa 12–12.45, So 11–12.15 Uhr)

KULINARISCHES FÜR ZWISCHENDRIN

Wer dem Rummel vor der Kirche entfliehen möchte, lässt sich an der charmanten **Table d'Aurore** 1 mit Blick in die Hérault-Schlucht nieder. Das Restaurant gehört zum **Hôtel Le Guilhaume d'Orange** (2, av. Guillaume d'Orange, St-Guilhem, T 04 67 57 24 53, www.guilhaumedorange.fr, DZ €€, Restaurant Fr–Di, Menü €€).

Faltplan: L 9

Aus der Zeit gefallen

Restaurant La Source

Die behutsam renovierten Gebäude der Tuchmanufaktur von 1670 in Villeneuvette und der ebenso alte Park bilden den wunderschönen Rahmen des Restaurants. Wer hier einkehrt, hat die Wahl zwischen einem Platz unter dem Steingewölbe im Saal Colbert oder auf der Terrasse am Pool im Schatten einer mächtigen Glyzinie.

14 Grand Rue, Villeneuvette, T 04 67 96 36 95, http:/restaurantdelasource.com, Mi–So mittags, Juli, Aug. auch So abends geöffnet, *formule mittags* €–€€, Menü €€€

Surreale Landschaften

Westlich von Villeneuvette hat die Natur die bizarre Felslandschaft des **Cirque de Mourèze** (🕮 K 10) geschaffen. Vom mittelalterlichen Weiler **Mourèze** führt ein Rundweg durch das Labyrinth und hinauf auf die **Monts de Liausson.** An deren Fuß breitet sich in einer afrikanisch anmutenden rotbraunen Hügellandschaft der **Lac du Salagou** aus, ein beliebtes Ziel von Wassersportlern und Radlern.

Sète 🕮 M 12

Die ›Ile Singulière‹ empfängt ihre Besucher mit dem Geruch von Fisch und Meer und dem Geschrei der Möwen. Die Trawler fahren auf dem Canal Royal mitten in die Stadt (44 800 Ew.) hinein und sorgen für ein buntes Spektakel. Dass auf der ›einzigartigen Insel‹ zwischen Meer und Etang de Thau auch die Kunst einen besonderen Platz einnimmt, davon zeugen Museen, Galerien, Austellungen. In der Corniche und den Vierteln südlich des Mont St-Clair entpuppt sich Sète als mondäner Badeort.

Der Tanz der Fischtrawler

Der **Canal Royal** 1 ist die Lebensader von Sète. Der königliche Kanal ist gesäumt von pastellfarbenen Stadthäusern, die allerdings schon bessere Tage erlebt haben. An seinen Kais liegen die Netze der Fischer zum Trocknen aus. Hier starten auch die Boote von **Sète Croisières** zu Rundfahrten. Restaurants, Cafés und Souvenirshops reihen sich aneinander. Kommen Sie am Nachmittag hierher, wenn die Fischtrawler in den **Vieux Port** einlaufen und ihren Fang an der **Criée** 2 ausladen.

Ein Spaziergang führt über die **Môle St-Louis**, mit deren Bau 1666 die Geschichte von Sète begann, zum **Phare St-Louis** 3 (Aufstieg in den Sommermonaten, ab 12 J. 3,50 €) und damit zu einer schönen Aussicht auf Hafen und Stadt.

Zwischen den Hausreihen am Hang des **St-Clair** (▶ S. 48) ragt schützend die vergoldete Marienstatue hoch oben auf dem Turm der **Décanale St-Louis** auf.

Sète oder Cette? Aus der Ferne erinnert der Hausberg von Sète an den Buckel eines Walfisches, auf Latein *cetus.* So soll die Stadt, die sich bis 1928 Cette schrieb, zu ihrem Namen gekommen sein, heißt es. Jedenfalls ziert ein Wal auch das Stadtwappen.

Kunst im Alltag

Am Canal Royal wird deutlich, dass Sète zwischen Tradition und Avantgarde lebt. In einem ehemaligen Fischkühlhaus bietet das **Centre Régional d'Art Contemporain – CRAC** 4 (26, quai Asp. Herber, http://crac.laregion.fr, Mo, Mi–Fr 12.30–19, Sa, So 14–19 Uhr, gratis) der aktuellen Kunstszene ein Forum.

Leicht zu übersehen ist das **Musée International des Arts Modestes – MIAM** 5 (23, quai Tassigny, www.miam.org, Di–So 10–18 Uhr, 5,60 €, 10–18 J. 3,60 €), das mit ausgefallenen und oftmals witzigen Ausstellungen die Alltagskunst inszeniert. Seine Gründung geht zurück auf eine Idee des Sammlers Bernard Belluc und des Sétoiser Malers Hervé Di Rosa. Hervé, sein Bruder Richard

und Robert Combas gehören zur Rock-Generation, die Mitte der 1980er-Jahre der *Figuration libre* den Weg bereiteten. Kunst allen zugänglich machen, möchte der Sétoiser Sammler Gilbert Ganivenq. Am Kanal gründete er **Le Reservoir** 6 (45, Quai de Bosc, www.lereservoir-art.com, Di 15–19, Mi–Sa 10–13, 15–19 Uhr), das Galerie und Museum für zeitgenössiche Werke kombiniert.
Mit Chansons erfreute (und erfreut) der aus Sète gebürtige Georges Brassens (1921–81) das Volk. Der **Espace Brassens** 7 (67, bd. Camille Blanc, www.espace-brassens.fr, Bus Linie 3 ab Mole, April–Okt. Di–So 10–18, Nov.–März Di–So 10–12, 14–18 Uhr, 6 €, 11–18 J. 2,50 €) dokumentiert kurzweilig sein Leben und Werk. Nicht zu vergessen **Paul Valéry** (▶ S. 49), der seine Geburtsstadt mit der Kunst der Worte beschenkte.

Am Canal Royal

L'Orque Bleue 1

Die Fassade des Belle-Epoque-Hauses könnte zwar einen Anstrich vertragen, innen jedoch wurde es komplett modernisiert. Eindrucksvoll ist das Entrée, etwas beengt sind die Zimmer. Größter Vorzug des Hauses ist natürlich der Blick auf den Kanal, doch der kostet extra (€€–€€€).

10, quai Aspirant Herber, T 04 67 74 72 13, www.hotel-orquebleue-sete.com, DZ €–€€€

Modernes Bistro

Paris Méditerranée 1

Der Chef kommt aus der Kapitale, seine Frau stammt aus Sète. Ihr Restaurant heißt also nicht von ungefähr wie der alte Nachtzug, der die Pariser ans Mittelmeer brachte. Die Lage abseits der Kais schadet dem Restaurant nicht, besitzt es doch eine schöne Hofterrasse. In ungezwungener Atmosphäre können Sie hier frische Mittelmeerküche genießen.

47, rue Pierre-Sémard, Sète, T 04 67 74 97 73, bei Facebook, Di–Fr 12–14, 20–22, Sa 20–22 Uhr, *formule* mittags €€, Menü €€–€€€

Der Bauch der Stadt

Les Halles de Sète 1

Über den häßlichen Betonklotz aus den 1970er-Jahren wurde eine riesige Metallhaut geworfen, die an das Meer und die Fischernetze erinnern soll. Auch das Innere erhielt ein Facelifting. Zwischen den Ständen der Händler bitten Magic Mac und ihr Team im Restaurant **Halles et Manger** sowie **The Marcel** zu Tisch.

Rue Gambetta, www.halles-sete.fr

Tolle Kulisse

Théâtre de la Mer – Jean Vilar 1

In der ehemaligen Vauban-Festung finden im Sommer regelmäßig Open-Air-Veranstaltungen statt.

Promenade Maréchal Leclerc

Im Vieux Port in Sète leben Möwen im Schlaraffenland, garantiert die Einfahrt der Fischtrawler am Nachmittag doch immer einen gut gedeckten Tisch.

Leben und sterben mit Meerblick – **Mont St-Clair**

Der Mont St-Clair ist die weithin sichtbare Landmarke von Sète. Der Weg hinauf ist von allen Seiten beschwerlich. Aber lohnend! Oben auf dem Hügel genießen Sie Postkartenansichten über die Stadt und das unendliche Blau des Meeres einerseits, über den Etang de Thau bis weit ins Hinterland andererseits.

S
SCHATZ

Um den Mont St-Clair ranken sich viele Geschichten. Eine besagt, dass der berühmte Pirat Barberoussette im 16. Jh. auf dem Hügel sein Beutegut versteckt haben soll.

Der Mont St-Clair war eine öde Insel, an deren landseitigen Ufern ein paar Fischer hausten, bevor Ludwig XIV. befahl, hier einen Hafen anlegen zu lassen. Im 18. und 19. Jh. gefiel es dann den Besserbetuchten Sétois, auf dem Berg Villen in großen Parks mit Blick aufs Meer zu errichten. Auch Künstler faszinierte immer schon die Lage zwischen Meer und Himmel. So hatten der Bildhauer Pierre Nocca (1916–2016) sowie die Maler Pierre Soulages (1919–2022) und Maurice-Elie Sarthou (1911–99) ihre Ateliers auf dem St-Clair. Sie fanden hier neben Inspiration offenbar auch die Ingredienzien für ein langes Leben.

Schmale Gassen mit kleinen Häuschen in freundlichen Farben verleihen manchen Vierteln der Stadt einen dörflichen Charakter.

Auf dem Buckel des Walfisches

Vom Canal Royal erreichen Sie über die Rues Paul Valéry, Louis Ramond und Belford die Treppen des Chemin de Biscan-Pas: Nun sind es noch 244 Stufen bis hinauf zur **Aussichtsterrasse** an der **Croix du St-Clair** 8. Von hier können Sie Sète mit den Augen durchstreifen. Ein 360°-Panorama öffnet sich ein paar Stufen höher vom Dach des Souvenirshops. Die benachbarte Kapelle **Notre-Dame-de-la-Salette** ist Ziel regelmäßiger Wallfahrten. Ihr Inneres schmücken bemerkenswerte moderne Fresken, ihr gedrungener unverputzer Turm diente einst als geodätischer Messpunkt.

Die Keimzelle von Sète

Abwärts geht es zunächst auf dem Chemin de St-Clair, sodann links über den Chemin du Mas-Rousson und 380 Stufen (!) hinab ins pittoreske **Quar-**

Von der Aussichtsterrasse an der Croix de St-Clair 175 m über dem Meer erscheinen die Schiffe unten im Hafen winzig klein. Gut, dass hier Fernrohre stehen.

tier Haut. Es ist das älteste Viertel der Stadt mit kleinen, einfachen Häuschen, dessen Gassen am Felshang über dem Hafen zu kleben scheinen.

Seine ersten Bewohner waren die Arbeiter, die Sète und seinen Hafen 1666 bauten, 200 Jahre später fanden hier Fischerfamilien aus Neapel eine neue Heimat. Ihnen verdankt das Quartier Haut seinen südländischen Charme. Als Hommage an die italienischen Bewohner schuf Buddy (Richard) Di Rosa 1992 eine poppige **»Mamma«** 9: Drall, blond und blauäugig (!) räkelt sie sich auf ihrem steinernen Divan auf der **Place de l'Hospitalet.**

Zur letzten Ruhe

Künstler fühlen sich von der Atmosphäre des Viertels angezogen, wie Ateliers in den Gassen belegen. Das künstlerische Schaffen in Sète im 20. Jh. illustrieren zahlreiche Gemälde im **Musée Paul Valéry** 10, das dem großen Dichter der Stadt gewidmet ist. Bücher, Manuskripte und Bilder lassen sein Leben Revue passieren. Das Museumsgebäude im Stil Corbusiers profitiert von seiner einzigartigen Lage an der Flanke des Mont St-Clair. Die schattige Terrasse seines Café Restaurants **Midi là haut** empfiehlt sich für eine Pause mit Meerblick.

Seine letzte Ruhe fand Paul Valéry 1945 nur wenige Schritte entfernt auf dem Friedhof St-Charles, der seither in Anlehnung an ein Gedicht des Künstlers **Cimetière Marin** 11 genannt wird. Surreal mutet die Stimmung auf dem Seemannsfriedhof an, wo über weiße Marmorgruften und Kreuze der Blick zum unendlich blauen Horizont schweifen kann.

INFOS/ÖFFNUNGSZEITEN

Spaziergang: ca. 5 km
Bus: Linie 5 von der Mole zum Musée, weiter zur Croix St-Clair und zum Aussichtspunkt Les Pierres Blanches
Musée Paul Valéry 10: rue François Desnoyer, https://museepaulvalery-sete.fr, Di–So 10–18 Uhr, 9,90 €, 10–18 J. 5,30 €;
Midi lá haut: T 04 67 18 81 04
Cimetière Marin 11: Juli–Sept. 8–19, Okt.–Juni 8–18 Uhr

EINKEHR ZWISCHENDRIN

Oberhalb der Place de l'Hospitalet treffen sich die Anwohner im **Café Social** 2 (35, rue Villaret-Joyeuse, T 04 67 74 54 79, So abends, Mo, Di geschl., €) zum Apéro und zum Feiern. Vor allem nach einem Fischerstechen geht es im Stammlokal der Jeune Lance Sétoise, einer der sechs *joutes*-Vereine der Stadt, hoch her.

Faltplan: M 12 | **Cityplan:** S. 50

Zu Wasser und an Land

KayakMed & BikeMed 1

Eine originelle Art, Sète, die Küste und den Etang de Thau kennenzulernen, bieten geführte Touren im Kajak. Sie können auch mit Kajak, SUP oder Fahrrad auf eigene Faust auf Erkundung gehen.

Info/Radverleih, 19, promenade Jean-Baptiste Marty, T 06 95 63 12 75, www.kayakmed.com

La Grande Bleue

Unverbauter Sandstrand

Von der **Corniche** bis **Marseillan-Plage** erstreckt sich auf dem **Lido** des Etang de Thau ein 12 km langer Strand. Im Juli und August sind die parkplatznahen Abschnitte dennoch immer hoffnungslos überfüllt und auf der D 612 staut sich der Verkehr. Wer es komfortabler mag, verbringt den Strandtag in einem der Beach-Lokale *(paillotes)* nahe der Corniche.

Infos und Termine

OT: 60, Grand'Rue Mario Roustan, 34200 Sète, T 04 86 84 04 04, www.tourisme-sete.com.

Stadt- und Nahverkehr: Sète erstickt im Verkehr. Steigen Sie um auf **Bus** (www.mobilite.agglopole.fr) und **Bateau-Bus** (Mai–Sept. gratis zwischen Parking Mas Coulet und Canal Royal). Im Sommer fährt ein Bateau-Bus über die Lagune nach Mèze und Balaruc. Super!

K-Live: Ende Mai/Anfang Juni. Das Graffiti-Festival verwandelt graue Fassaden überall in der Stadt peu à peu in ein **Musée à Ciel Ouvert (MaCo).** Info unter http://k-live.fr.

Fête de la St-Pierre: Ende Juni/Anfang Juli, dreitägiges Fischerfest.

Fête de la St-Louis: Um den 25. Aug., großes Stadtfest mit *joutes nautiques.*

Etang de Thau

L/M 11/12

Die größte Lagune an der Küste Okzitaniens – 19 km lang und bis zu 5 km breit – besitzt alle Trümpfe eines Ferienparadieses. In ihren Hafenstädtchen halten sich Tourismus und Alltagsleben die Waage. An ihren seichten Stränden können auch jüngere Kinder gefahrlos toben. Wassersportler üben sich in den neuesten Trendsportarten. Ge-

nießer schätzen die große Auswahl an Restaurants, bei denen natürlich Fisch und die hier gezüchteten Austern und Muscheln ganz oben auf der Speisekarte stehen. Der passende Wein dazu gedeiht direkt am Wasser, die Reben fassen die Lagune mit einem grünen Band ein. Aktive können auf einer ausgeschilderten Piste einmal um den Etang herumradeln.

Austernzucht und Weinbau

In **Bouzigues** dreht sich alles um die Austernzucht, die im Etang an sogenannten *tables* (Tischen) betrieben wird. In den Probierstuben der Züchter an der Uferstraße können Sie die *huîtres* schlürfen. Dazu schmeckt ein Gläschen Piquepoul, ein fruchtig-trockener Weißwein aus hiesigem Anbau. Mit seinen relativ kleinen, sanft abfallenden Sandstränden ist **Mèze** ein beliebtes Ziel von Urlaubern mit Kindern. Sein malerischer Hafen bildet mit zahlreichen Restaurants das gastronomische Zentrum am Etang de Thau. Auch die Hausboottouristen machen gerne an der Mole fest, oder sie steuern **Marseillan** an, wo der Canal du Midi bei der **Pointe des Onglous** in den Etang mündet.
Ein Abstecher führt landeinwärts zu der inmitten von Weinfeldern gelegenen **Domaine et Abbaye de Valmagne** (📖 L 11, www.valmagne.com, Mitte April–Juni Di–So 10–19, Juli–Sept. tgl. 10–19, Okt.–Mitte April Di–Sa 14–18, So 10–18 Uhr, 8,50 €). Eine Führung gibt Zugang zur gotischen Klosterkirche, die nach der Revolution als Weinkeller zweckentfremdet wurde, und zum Kreuzgang mit seinem wunderschönen Brunnen. Selbstverständlich werden die Weine der Abbaye gleich vor Ort vermarktet. In der angeschlossenen **Ferme-Auberge Le Vigneron** werden sie auch glasweise zum Essen eingeschenkt (Mitte April–Sept. Di–So mittags, T 04 67 78 13 64).

Am Ufer des Etang

Hôtel de la Pyramide

Das moderne Haus in einem Garten mit kleinem Pool und jungen Olivenbäumen liegt am Rand von Mèze. Die 27 Zimmer sind mit Terrakotta-Böden und schlichtem schmiedeeisernem Mobiliar ausgestattet sowie mit Terrasse oder Balkon. Schön ist der Blick auf die Lagune.

8, promenade Sergent Jean-Louis Navarro, Mèze, T 04 67 46 61 50, www.hoteldelapyramide.fr, DZ €

FASSGEREIFT

Am Hafen in Marseillan liegen die *caves* des Wermutproduzenten **Noilly Prat.** Sein rundes Bouquet erhält der Aperitif durch eine zwölfmonatige Lagerung in Eichenholzfässern unter freiem Himmel, während seine würzige Note gemäß einer natürlich streng gehüteten Rezeptur aus dem Jahr 1813 durch die Zugabe von über einem Dutzend Kräutern erreicht wird. Auf einer Führung öffnen sich die Türen zum Keller und zum Fasslager im Hof (1, rue Noilly, www.noillyprat.com, Verkauf Mai–Sept. 10–12, 14.30–19, März, April, Okt., Nov. 10–12, 14.30–17.30 Uhr; Führungen s. Website).

In den Weinhügeln

Château les Sacristains

Die ehemalige Dépendance der Abbaye de Valmagne wurde vorbildlich restauriert und zeigt sich heute als romantische Ferienanlage. Zimmer und Apartments verteilen sich auf mehrere Natursteingebäude rund um einen Pool. Auch die Gestaltung der Außenanlagen beweist viel Geschmack. Im Sommer mit Restaurant.

5 km westl. von Mèze, rechts der N 113, T 04 67 03 46 90, www.chateau-les-sacristains.fr, DZ €€, Vermietung von Apartments nur wochenweise

Am Hafenbecken

La Rive Gauche

Das Restaurant der Familie Michel Bernard ist sehr beliebt. Es empfiehlt sich zu reservieren, vor allem, wenn Sie auf der Terrasse am Hafenbecken sitzen möchten. Der Koch versteht es, die Klassiker der lokalen Küche sehr schmackhaft zuzubereiten, etwa die *morue de aïoli.* Der

Service ist schnell und freundlich. Einziges Manko sind die schlecht kommunizierten Öffnungszeiten. Am besten anrufen!
13, quai Baptiste Guitard, Mèze, T 06 83 08 41 49, 12–13.30 Uhr, an langen Wochenenden und in der Hochsaison auch abends geöffnet, wechselnde Ruhetage, Menü €–€€

Beim Produzenten

Ferme Marine La Tablée

Die Lage zwischen den *mas* der Austernfischer am Rand von Marseillan sowie die Terrasse am Etang machen den besonderen Charme des Restaurants aus. Ein traumhafter Ort nicht nur für Liebhaber von Austern, Meeresfrüchten und Fisch.
Rte. des Parcs, Marseillan, T 04 67 21 21 20, www.lafermemarine.fr, tgl. 10–13, 18–21 Uhr, Gerichte €, Meeresfrüchte-Büffet €€

Abtauchen zu Seepferchen & Co.

Osez Plonger

Tauchlehrer Pascal Cottinet nimmt seine Schüler mit auf eine spannende Reise zu den Unterwasserwiesen des Etang de Thau, wo sie Seepferdchen, das Emblemtier der Lagune, aber auch Tintenfische, Seehasen oder Grundeln beobachten können.
Av. de la Gare, Balaruc-les-Bains, T 06 62 37 79 93, www.thauplongee.com

Infos und Termine

OT: Quai Baptiste Guitard, 34100 Mèze, T 04 67 43 93 08, www.thau-mediterranee.com.
Le Festival de Thau: Mitte/Ende Juli, www.festivaldethau.com. Open-Air-Konzerte in den Orten rund um den Etang.

Agde K/L 13

Agde (30 800 Ew.) zeigt viele Facetten. Landeinwärts am Hérault scharen sich die Häuser im historischen Stadtkern um das schwarze Basaltgemäuer der wehrhaften Kathedrale. Am Cap bestimmen Bettenburgen für 200 000 Feriengäste im Jahr und ein großer Jachthafen das Bild. Gleich daneben befindet sich Europas größtes Nudistendorf. Beinah rückständisch wirken der Fischereihafen und Badeort Le Grau d'Agde links sowie die kleine Siedlung La Tamarissière rechts der Hérault-Mündung.

Im kleinen Hafen von Mèze machen Angler und einige professionelle Etang-Fischer ihre Barken fest. Je nach Jahreszeit fangen sie Aal (anguille), Dorade und Seewolf (loup) sowie ihre weniger begehrten Verwandten Meeräsche (muge) und ›saupe‹.

Griechen machten den Anfang

Vor 2500 Jahren gründeten Griechen an der Hérault-Mündung am Fuß des **Mont St-Loup** eine Kolonie namens Agathé Tyché (gutes Glück). Zahlreiche Unterwasserfunde belegen, dass das Glück diesem Handelsstützpunkt tatsächlich wohlgesonnen war. Aufregendster Fund war 1964 die 2300 Jahre alte griechische Bronzestatue eines Jünglings *(ephèbe)*, das Schmuckstück des **Musée de l'Ephèbe** (www.museecapdagde.com, Juni–Sept. tgl. 10–13, 15–19, Okt.–Mai Di–So 10–12, 13.30–17 Uhr, ab 17 J. 6 €) am **Cap d'Agde.** Ansonsten ist die Anfang der 1970er-Jahre entstandene Retortenstadt am Felskap mit Freizeitparks, Kasino und14 km Sandstrand auf leichte Unterhaltung und Farniente eingestellt.

EIn Inselschatz

Der Unterschied zwischen den düsteren Basaltmauern im historischen Zentrum und dem **Château Laurens** am Hérault-Ufer könnte größer nicht sein. Nach der kostspieligen und detailverliebten Renovierung entdecken Architekturfans ein Jugendstiljuwel, das mit üppigem Dekor und Mobiliar nicht geizt.

Av. Raymond Pitet, Domaine de Belle-Isle, https://chateaulaurens-agde.fr, Di–So Juni–Sept. 11–19, April, Mai, Okt.–Nov. 10–18 Uhr, 9 €

An der Hérault-Mündung

Mon P'tit Hôtel

Das einfache 21-Zimmer-Haus präsentiert sich farbenfroh renoviert mit viel Sonnengelb und Blau. Die Lage nah dem Strand rechtfertigt die Preise. Trotz möglicher Lärmbelästigung sind die etwas teureren Zimmer zur Flussseite zu bevorzugen. Ein Sonnendeck lädt zum Relaxen ein.

12, quai Cdt. Méric, Le Grau d'Agde, T 04 67 21 49 88, https://monptithotel.fr, DZ €–€€, Mitte Juli–Ende Aug. Mindestaufenthalt 2 Nächte

Die Qualität zählt

Le Bistro d'Hervé

Am Hérault-Ufer in Agde laden schönste Restaurantplätze zur Einkehr, doch das fraglos bessere Essen wird in diesem modern gestalteten Bistro mit Hofterrasse im Ortskern der Cité zubereitet.

Übergewicht? Das ist bei den *joutes nautiques*, den südfranzösischen Fischerstechen, kein Makel. Im Gegenteil! Die großen Helden der *tintaine* tragen alle beachtliche Rettungsringe unter ihrem weißen Tenue. Körpereigene, versteht sich. Aber es gehört auch Kraft und Körperbeherrschung dazu, auf schwankender Bohle *(tintaine)*, 2 m über dem Wasser das Gleichgewicht zu halten, die 2,80 m lange Lanze zu platzieren und zugleich den Stoß des Gegners mit dem schweren hölzernen Schild abzuwehren. Das Spektakel, das besonders groß bei den Wettbewerben in der Kategorie *lourd* ist, können Sie von Ende Mai bis Anfang September u. a. in Sète, Mèze, Marseillan, Agde oder Grau-du-Roi verfolgen (www.ligue-jouteslanguedociennes.com).

47, rue Brescou, Cité d'Agde, T 04 67 62 30 69, www.lebistrodherve.com, Di–Sa 12–14, 19.30–22, Menü mittags €, abends à la carte €€–€€€

Mit allen Wassern gewaschen

Agde Croisières

Die größte Vielfalt verspricht die halbtägige *Expédition Evasion.* Dabei fährt das Ausflugsboot den **Hérault** aufwärts bis **Agde,** wo die **Ecluse ronde** den Zugang in den **Canal du Midi** ermöglicht. Auf dem Kanal geht es sodann vorbei an der **Réserve du Bagnas** und der **Pointe des Onglous** bis zu den Austerntischen im **Etang de Thau** (25 €). Die **Vulkanküste** und das **Fort Brecou** entdeckt man auf einer 90-minütigen Tour (12 €).

9–11, Quai du Cdt. Méric, Le Grau d'Agde, T 04 67 01 71 93, https://lesbateauxagathois.com, April–Okt.

Infos und Termine

OT: Place de la Belle Agathoise, 34300 Agde, T 04 67 3187 50, www.capdagde.com; Zweigstelle in Cap d'Agde.

Béziers, Haut-Languedoc, Minervois

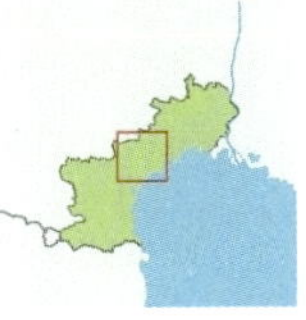

Obwohl keine 20 km vom Meer entfernt, orientiert sich Béziers vorzugsweise in Richtung seines weinseligen Hinterlandes. Im 17. Jh. begünstigte der Bau des Canal du Midi den Aufstieg der Stadt zur Metropole des Weinhandels. Landeinwärts liegt das Molière-Städtchen Pézenas, in dessen alten Palais Kunsthandwerker und Trödelläden zum Stöbern einladen. Durch ausgedehnte Rebhügel winden sich Landstraßen hinauf ins Haut-Languedoc, ein Eldorado für Aktivurlauber. Im Minervois bewahren Dörfer die Erinnerung an die Kreuzzüge gegen die Katharer.

Béziers 🕮 J 12

Weithin sichtbar auf einem Felssockel über dem Orb und dem Canal du Midi thront die Kathedrale von Béziers. Zentrum dieser typisch südfranzösischen Provinzstadt (80 100 Ew.) sind die breiten Allées Paul Riquet. Ihr Name sowie ein Denkmal erinnern an den berühmten Sohn der Stadt und Erbauer des Canal du Midi. Im dichten Schatten der prächtigen Platanenallee wird geplaudert und flaniert. Zum Bummeln laden auch die verwinkelten Altstadtgassen ein. Dass es um die Wirtschaftskraft der alten Weinkapitale des Languedoc heutzutage nicht gut bestellt ist, vermögen selbst die jüngsten Baumaßnahmen und Umgestaltungen nicht zu kaschieren.

»Tötet sie alle, denn die Seinen erkennt der Herr!« Mit diesem Schlachtruf vor den Toren Béziers begann 1209 der von Papst Innozenz III. ausgerufene Kreuzzug gegen die Katharer (griech. ›die Reinen‹). Die Mitglieder dieser im Languedoc weit verbreiteten Sekte sahen alle irdischen Dinge als Teufelswerk an und strebten durch strenge Askese und tugendhaften Lebenswandel nach göttlicher Erlösung. Nur allzu willig folgte der französische König dem Aufruf des Papstes zum Kreuzzug, bot er doch die Gelegenheit, die autonomen Grafschaften im Süden seinem Reich einzuverleiben. Stummer Zeuge des Massakers von Béziers, bei dem die Mehrzahl der Einwohner den Tod fanden, ist die romanische Kirche **Ste-Madeleine** 5 (pl. de la Madeleine).

Neue Wege über eine uralte Brücke

Traditionell beginnt ein Besuch Béziers auf den zentralen Allées Paul Riquet. Doch seit 2022 gibt's einen spektakulären neuen Fußweg: Er führt vom rechten Orb-Ufer (Parkplatz) über den **Pont Vieux** 1 und wahlweise per Treppen oder Aufzug und auf bequemen Stegen schnurstracks den Hang hoch zur **Cathédrale St-Nazaire** 2 (pl. des Albigeois, tgl. Mitte Juni–Sept. 9.30–19, Okt.–Mitte Juni 9.30–12, 14.30–17.30 Uhr). Nach Zerstörung des romanischen Vorgängerbaus während des Kreuzzugs entstand die Kathedrale mit wuchtigen Türmen neu im gotischen Stil. Auf ihrem Vorplatz öffnet sich der Blick bis weit ins Hinterland. Zu einem Perspektivwechsel schlendern Sie durch die Altstadt zur Kirche **St-Jacques** 3. Auf dem Weg können Sie Fassadenmalereien entdecken, die Episoden der Stadtgeschichte festhalten. Zum Abschluss geht's zu den Alleen mit der **Statue von Paul Riquet** 4. Der Brunnen davor spielt an auf seine Verdienste als Kanalbauer und auf die **Ecluses de Fonseranes** (▶ S. 59). Im Sommer (Fr–So 21 Uhr) tanzen die Wasserfontänen zauberhaft beleuchtet zu Musik.

Klein und schnuckelig

Des Poètes 1

Wenn Sie mit dem Zug anreisen, führt der Weg hinauf zur Stadt durch die romantische Parkanlage des **Plateau des Poètes** geradewegs zu diesem familiären Hotel. Es ist zentral gelegen und dennoch angenehm ruhig. Die 14 Zimmer zeigen ein funktionales, modernes Design. Einige von ihnen wie auch der helle Frühstücksraum öffnen sich zum Park.

80, allées Paul Riquet, T 04 67 76 38 66, www.hoteldespoetes.fr, DZ € (Garage 12 €/Tag)

Top Aussicht!

La Prison 1

Ob Kochkunst und Service von Mathieu Bessiere und seinem Team dem außergewöhnlichen Ort gerecht werden, muss sich erst zeigen. Im Juni 2023 eröffnete das Bistro/Restaurant im alten Gefängnis. Ein vorkragender Anbau erlaubt den Gästen einen

BÉZIERS

Sehenswert
1 Pont Vieux
2 St-Nazaire
3 St-Jacques
4 Statue Paul Riquet
5 Ste-Madeleine

In fremden Betten
1 Des Poètes

Satt & glücklich
1 La Prison
2 Le Patio

Stöbern & entdecken
1 Les Halles

Wenn die Nacht beginnt
1 Le Chameau Ivre

180°-Blick über das Orb-Tal. Die Zellen wurden in 50 Hotelzimmer verwandelt.

Place des Albigeois, T 04 48 14 03 53, www.hotellaprison.com, vorerst Mi–Sa mittags und abends, So mittags, Menü €–€€, DZ €–€€

Verstecktes Idyll in der Altstadt

Le Patio 2

Lassen Sie sich nicht durch den wenig einladenden Zugang abschrecken. Im Speiseraum und im Patio unter den knorrigen Zweigen eines alten Olivenbaums verwöhnt das Team um Chef Fabrice Pons mit frischer mediterraner Küche. Die Stadt scheint meilenweit entfernt.

21, rue Française, T 04 67 49 09 45, www.restaurant-patio.fr, Juni–Sept. So mittags, Okt.–Mai So, Mo geschl., Menü mittags €, abends €€

Marktatmosphäre

Les Halles 1

In der schönen alten Markthalle werden die besten Produkte der Region verkauft und in mehreren Bistros auch zubereitet.

Pl. Pierre Semard, bei Facebook, Di–Do 7–13, Fr–So 7–14 Uhr

Mit dem Boot über den Berg – **Fonseranes**

In einer mehrstufigen Kaskade ergießt sich der Canal du Midi über die Neuf Ecluses de Fonseranes hinab nach Béziers. Ein geniales Meisterwerk, das Pierre-Paul Riquet seiner Geburtsstadt hinterließ. Für die Freizeitskipper stellt die Wassertreppe eine nicht zu unterschätzende Herausforderung dar. Eine Minikreuzfahrt lädt auch Sie ein, die Passage hautnah zu erleben.

Die Schleusen von Fonseranes, die wie der gesamte Canal du Midi zum UNESCO-Welterbe gehören, empfangen die unzähligen Besucher seit Sommer 2017 mit neuen Zufahrtswegen und ansprechend gestalteten Uferanlagen. Wer früher einmal hier war, wird jedoch das chaotische Gewusel direkt am Schleusenrand vermissen.

Wenn Ihnen eine Bootsfahrt nicht zusagt, können Sie den Kanal ab Fonseranes auf den Treidelpfaden an beiden Ufern erkunden – auch mit dem Rad. Der Weg führt über die **Pont-canal** 4*, mit Blick auf die Stadt und die Kathedrale, vorbei an der* **Ecluse de l'Orb** 6*, der höchsten Kanalschleuse, zum* **Port Neuf** 7*. Neben den Hausbooten liegen hier auch größere Kähne, einige wohl auf Dauer. Bootstouristen und Anwohner treffen sich am Tresen des* **Café du Plaisance** 2 *(1, quai du Port-Neuf, T 04 67 76 15 90, €) am Ende des Hafens. Die Gartenterrasse des Cafés wird wunderbar von Bäumen beschattet.*

Der Traum des Riquet

Die qualitätvoll restaurierte **Maison du Coche d'Eau** 1 dient mit Infopunkt, Ticketschaltern, Boutique und Restaurant **Le 9** 1 den Schleusenbesuchern als erste Anlaufstelle. Versäumen Sie nicht das virtuelle **Spectacle** über den Canal du Midi im ersten Stock: wie Riquet den mächtigen Colbert und den König für seine Idee gewinnt, die Arbeiten auf der gigantischen Baustelle voranschreiten, der Kanal eingeweiht und bis in unsere Tage genutzt wird. Wer kein Französisch versteht, lässt einfach die tollen Bildsequenzen sprechen.

Wieso neun Schleusen?

Gleich gegenüber der Maison du Coche d'Eau startet die **Cap au Sud** 1 ihre Fahrt durch die **Schleusentreppe** 2. 30 Minuten dauert der Vorgang, bei dem 21,5 m Höhenunterschied überwunden werden: Auf Knopfdruck der Schleusenwärter öffnen sich die alten hölzernen Tore, längst muss hier niemand mehr per Hand kurbeln. 700 m³ Wasser schießen pro Kammeröffnung zu Tal.

Von der ehemals siebten Schleusenkammer ging die Fahrt ursprünglich weiter abwärts durch eine achte Kammer in den **Port Notre-Dame** 3.

So ruhig ist es an der oberen Zufahrt zu den Neuf Ecluses nur in der Nebensaison. Im Sommer ist Geduld gefragt. Die Anspannung steigt, ist es doch für einige ›Kapitäne‹ das erste Schleusenmanöver.

An dessen Ende regelte eine neunte Schleuse die Zufahrt in den Orb, dessen Bett der Canal du Midi auf einigen hundert Metern teilte. Seit 1858 wird die schwierige Flusspassage mittels der 240 m langen **Pont-canal de l'Orb** 4 umgangen. Die Cap au Sud passiert die steinerne Rinne in 12 m Höhe über dem Fuss, dreht bei und nimmt wieder Kurs auf Fonseranes.

Kurz vor dem Anlegen zweigt Backbord bei der neu gestalteten **Ile des Eclusiers** die Zufahrt zur **Pente d'eau** 5 ab. In dieser hydraulischen Schleuse von 1990 sollten die Boote den Höhenunterschied bei Fonseranes in nur sechs Minuten bewältigen, doch die moderne Technik funktionierte nie störungsfrei und wurde schnell aufgegeben.

INFOS

Site: www.beziers-mediterranee.com
Anfahrt: über D 609 (rte. de Narbonne) zum obligatorischen Parkplatz, von dort ca. 200 m Fußweg; April–Okt. 7 €/Tag, Nov.–März 4 €/Tag
Cap au Sud 1: T 07 82 09 13 51, https://capausud.eu, April–Sept. So–Fr Talfahrt 14 Uhr, Bergfahrt 15.45 Uhr (Zeiten variieren!), Dauer ca. 1 Std., 13 €, 4–11 J. 8 €.

KULINARISCHES FÜR ZWISCHENDRIN

Für die Bewirtung der Schleusenbesucher sorgt **Le 9** 1 (T 04 67 36 85 64, Menü €–€€) in der Maison du Coche d'Eau, die einen schicken Glasvorbau in Form eines Schiffsbugs mit schönem Blick auf die Schleusen und die Kathedrale erhielt.

Faltplan: J 12/13

Wer sich nicht satt sehen kann, erklimmt den Glockenturm der Kathedrale – 169 Stufen immer im Kreis – zum höchsten Aussichtspunkt der Stadt.

Große Weinauswahl

Le Chameau Ivre 1

Mittags serviert das ›betrunkene Kamel‹ leichte Bistro-Küche, abends macht es vor allem als stimmungsvolle Weinbar seinem Namen Ehre. Der Wein kann glasweise probiert werden. Tapas und Kleinigkeiten sorgen für eine gute Grundlage.

15, pl. Jean-Jaurès, T 04 67 80 20 20, Di–Sa 12–14, 19–22 Uhr, Menü €–€€

Infos und Termine

OT: 2, pl. Gabriel Péri/Pl. du Forum, 34500 Béziers, T 04 99 41 36 36, www.beziers-mediterranee.com.

Aéroport Béziers Cap d'Agde: https://beziers.aeroport.fr. Busse nach Béziers und Agde/Cap d'Agde/Marseillan.

Gare SNCF: 14, bd. de Verdun. Verbindungen nach Montpellier, Narbonne, Perpignan sowie nach Bédarieux.

Gare routière: Pl. de Gaulle, www.herault-transport.fr. Zentraler Halt für Regional- und Stadtbusse.

Les Jeudis de Béziers: Juli, Aug. Do ab 19 Uhr laden die Winzer des Biterrois auf die Allées Paul Riquet zur Weinprobe ein. Dazu gibt es Tapas und ein musikalisches Begleitprogramm.

Feria de Béziers: Vier Tage um den 15. Aug. Während der Feria verwandeln sich die Straßen der Stadt in Themendörfer mit Bodegas, Bars und Musikprogramm. Natürlich finden auch Stierkämpfe in der Arena statt.

In der Umgebung

Strandtage

Etwa 20 km vom Stadtzentrum entfernt liegen die Badeorte **Vias-Plage, Portiragnes-Plage, Sérignan-Plage** und das Naturschutzgebiet **Les Orpellières** (🕮 K 13), die über gesicherte Pisten *(voie verte)* auch gut per Fahrrad zu erreichen sind. Eine kleine Fähre bringt Fußgänger und Radfahrer über die Orb-Mündung nach **Valras-Plage.** Von dort ist es nur ein Katzensprung zum neu entstandenen **Port de Chichoulet** an der Mündung der Aude. Noch gilt er als Geheimtipp. Ein paar Restaurants gibt es auch. Eine schmale Brücke buckelt über die Aude nach **Cabanes-de-Fleury** (🕮 J 14) – eine Handvoll Häuser verloren zwischen Marschland, Strand und Meer. Hierhin verirren sich hauptsächlich Campingurlauber oder Fans des Gartenrestaurants **Lou Cabanaïre** (www.loucabanaire.com). Die Fischgerichte sind spitze, das Ambiente ist top.

Landluft schnuppern

Domaine de la Bâtisse

Die Familie Margé empfängt Feriengäste in einem alten Gutshaus, das versteckt in der Natur am Aude-Ufer liegt. Zehn nostalgisch eingerichtete Zimmer in den Farben des Südens stehen zur Auswahl. Ein wenig weiter lädt die Manade Margé u. a. zu Ausritten mit *gardians* und zur Teilnahme an einer *ferrade* ein. 3 km sind es bis zum Strand an der Aude-Mündung.

11560 Fleury d'Aude (ab Béziers D 14 bis Lespignan, dort D 618, vor der Aude-Brücke links), T 04 68 33 77 01, https://la-manade.fr, DZ inkl. Frühstück €–€€

Zeitreise

Das **Oppidum d'Ensérune** (J 13) auf einem Kalkplateau zwischen den Brachwasserseen südlich von Béziers war vom 6. Jh. v. Chr. bis ins 1. Jh. n. Chr. bewohnt. In römischer Zeit sollen hier mehr als 7000 Menschen gelebt haben. Nehmen Sie sich Zeit, die Ausgrabungsstätte in Ruhe zu durchstreifen. Ensérune ist zugleich ein vortrefflicher Spähposten. Das Panorama umfasst das komplette Languedoc von der Küste bis zu den Cevennen und südwärts zu den Pyrenäen. Ein ungewöhnliches Bild bietet der kreisförmigen **Etang de Montady,** der im 14. Jh. trockengelegt wurde und an eine riesige Torte erinnert.
Der Hügel von Ensérune stellte für die Erbauer des Canal du Midi ein schier unüberwindbares Hindernis dar. Riquet wagte das Risiko und ließ einen 173 m langen Tunnel für die Wasserstraße durch den Fels treiben. Der Zugang zum **Tunnel de Malpas** ist an der Zufahrt zum Oppidum ausgeschildert.

D 162E, Nissan-lez-Ensérune, www.enserune.fr, Arpil–Sept. Di–So 9.30–12.30, 14–18.30, Okt.–März Mi–So 9.30–12.30, 14–17.30 Uhr, letzter Einlass 60 Min. vor Schließung, ab 19 J. 6 €; weitere Infos im Maison du Malpas, www.ladomitienne.com

Pézenas K 11/12

Das Städtchen (7700 Ew.) in den Weinbergen des Hérault-Tals bewahrt eine intakte Altstadt mit einem einmaligen Ensemble prächtiger Stadtpaläste aus dem 17. und 18. Jh. Im Sommer sind die mittelalterlichen Gassen ein beliebtes Ausflugsziel der Strandurlauber (▸ S. 62).

Ganz privat

La Dordine

Im ehemaligen Judenviertel haben Véronique und Aurélien in ihrem schmalen Stadthaus aus dem 14. Jh. drei reizende Gästezimmer eingerichtet. Eine steile Treppe führt hinauf zu den *chambres* Syrah und Picpoul in der zweiten Etage sowie zu Carignan unterm Dach. Die Namen hat Aurélien gewählt, der seinen Gästen viel über den hiesigen Weinbau erzählen kann. Auf der anderen Straßenseite vermietet das Paar drei Studios.

Wenn in Pézenas gefeiert wird, können Sie einem merkwürdigen Wesen begegnen: ein riesiger Körper, umhüllt von einem blauen Sternentuch, aus dem ein vergleichsweise kleiner hölzerner Pferdekopf hervorlugt. Das Fohlen *(poulain)* reiht sich ein in die bunte Schar der Totemtiere, die bei einigen Dorffesten im Hérault ihr Unwesen treiben. Zu den prominentesten zählen das Kamel *(lo camèl)* von Béziers, der Esel *(âne)* von Gignac oder der Stier *(boeuf)* von Mèze. Unter der Attrappe aus Holz und Stoff mobilisieren ein knappes Dutzend junge Männer das Totemtier. Es begleitet den Festzug, treibt beim Publikum mit klapperndem Maul eine Spende ein und erlaubt sich manchen Schabernack.

Trödeln im Dichterstädtchen – **Pézenas**

Die Gassen von Pézenas muten an wie die Szenerie in einem Historienfilm. In den prächtigen Palais logierten einst die Gouverneure des Languedoc und Molière unterhielt sie mit seiner Theatertruppe. Heute öffnen Kunsthandwerker und Künstler im Sommer ihre Läden und Ateliers in den alten Gemäuern.

Ihre Blütezeit erlebte die ehemalige römische Kolonie *piscenae* und mittelalterliche Tuchhandelsstadt im 16. und 17. Jh., als hier die Generalstände, eine Art Parlament des Languedoc, tagten und die Gouverneure aus den Familien derer von Montmorency-Damville und Bourbon-Conti ihre Residenzen errichteten. Prominenz aus dem gesamten Königreich versammelte sich während der Sitzungsperioden in der Stadt, die sich damals den Titel ›Versailles du Languedoc‹ erwarb.

An der sogenannten **Route des Antiquaires** *(D 913) laden alle paar Schritte Trödel- und Antiquitätenläden (brocantes) zum Stöbern ein. Am ersten Sonntag im Mai sowie am zweiten Sonntag im Oktober verwandeln ca. 150 Aussteller die Durchgangsstraße anlässlich des* **Grand déballage** *in einen riesigen Antiquitätenmarkt (www.antiquaires-pezenas.com).*

Die Geburt des Molière

Insbesondere Prince Armand de Bourbon-Conti umgab sich mit großem Hofstaat. Während sich an ihn kaum jemand erinnert, erlangte sein Protegé, der Komödiendichter Jean-Baptiste Poquelin, unter dem Namen Molière Unsterblichkeit. 1650, 1653 und 1656 gastierte er mit seinem Illustre Théâtre in Pézenas. Die Jahre in der Provinz inspirierten Molière zu berühmten Komödien. So trägt der »Don Juan« die Züge des Prince de Conti. Seine Charakterstudien betrieb der Dichter im Barbierladen seines Freundes Gély, dem heutigen **Musée Boby-Lapointe** 1, an der Place Gambetta. Hier hatte er freie Sicht auf die **Maison Consulaire** 2, das städtische Machtzentrum und Tagungsort der Generalstände. Den Sessel, in dem Molière bei Gély zu sitzen pflegte, und andere Requisiten zeigt das **Musée Vulliod-St-Germain** 3, das auch Einblicke in die Wohnverhältnisse des 16.–18. Jh. gibt.

Die Kunst des Handwerks

Mit wieviel Kunstsinn in damaliger Zeit gebaut wurde, zeigt manches Haus in der verwinkelten

Bei einer Führung öffnen sich die Türen zu versteckten Innenhöfen. Das ***Hôtel de Lacoste*** *4 (Rue Oustrin), eine repräsentative Architektur des frühen 16. Jh., beeindruckt mit steinernem Treppenhaus und gotischen Gewölben.*

Altstadt. Lassen Sie die Augen schweifen, um von Steinmetzen meisterlich gearbeitete Türgewände und Fensterkreuze, Friese und Gesimse zu entdecken. Kunstvolle Schreinerarbeiten bewahrt das **Musée de la Porte et de la Feronnerie** 5 mit seiner Sammlung historischer Türen. Heutzutage halten an die 40 Werkstätten das handwerkliche Erbe in Pézenas lebendig. Die meisten Handwerker lassen sich bei der Arbeit über die Schulter schauen. Als ein Schaufenster aller dient die **Maison des Métiers d'Art** 2 im oben erwähnten ehemaligen Konsulhaus an der Place Gambetta.

INFOS/ÖFFNUNGSZEITEN

Maison des Métiers d'Art (Maison Consulaire) 2: 6, Place Gambetta, www.ateliersdart.com (Stichwort: Réseau de vente), April–Dez. Di–Sa 10–18 Uhr, Juli, Aug. erweiterte Öffnungszeiten
Musée de Vulliod-St-Germain 3: 3, rue A.-P.-Alliès, Mitte April–Sept. Di–So 10–12.15, Mitte Feb.–Mitte April, Okt.–Mitte Nov. Di–Sa 10–12.15, 14–17 Uhr, 3 €
Musée de la Porte et de la Feronnerie 5: 5, rue Montmorency, unregelmäßig geöffnet

---

KULINARISCHES FÜR ZWISCHENDRIN

In der einfachen **Brasserie Chez Hansi** 1 (6, rue Anatole France, T 04 67 90 32 15, So geschl., €), ein paar Schritte vom Cours Jean Jaurès entfernt, stehen Alltagsgerichte auf der Tafel, die gar nicht mehr so alltäglich sind – z. B. Wachteln, Kaninchen oder Schweinebäckchen.

Faltplan: K 11/12

9, rue des Litanies, T 04 67 90 34 81, www.ladordine.com, DZ inkl. Frühstück €, *gîte* in der Hochsaison nur wochenweise Vermietung, sonst ab zwei Nächten

Typisch Midi
Les Maronniers
An der Straße der Trödelläden liegt die Terrasse des Lokals unter Kastanienbäumen. Innen laden ein Schankraum mit allerlei Nippes und Plakaten an den Wänden, eine Veranda und ein Nebenraum mit schönen Bodenfliesen zum geselligen Aufenthalt ein. Auf den Tisch kommt französische Landküche, am Wochenende werden abends Tapas serviert.
6, av.e de Verdun, T 04 67 90 13 80, bei Facebook, Mo–Sa 11.45–14, Fr, Sa.19.30–22.30 Uhr, Menü €–€€

Infos und Termine
OT: Hôtel de Peyrat, pl. des Etats du Languedoc, 34120 Pézenas, T 04 67 98 36 40, www.capdagde.com. Eine Ausstellung informiert über das architektonische und kulturelle Erbe von Pézenas.
Mirondela dels Arts: Juli, Aug., www.mirondeladelsarts.com, Theater, Konzerte, Ausstellungen in der Altstadt.

Roquebrun H 11

Das hübsche Dorf bildet ein Tor zum Parc Naturel Régional du Haut-Languedoc. Von der Brücke über den Orb klettern die aus Naturstein gebauten Häuser bis zur Ruine eines mittelalterlichen Burgturms empor. Weinliebhaber schätzen die renommierte Cave, Aktive die Kajakstation und die Wanderwege.

Le Petit Nice de l'Hérault
Seinem milden Mikroklima verdankt Roquebrun den Vergleich mit Nizza. Wie an der Côte d'Azur blühen hier im Februar die Mimosen. Im **Jardin Méditerranéen** (www.jardin-mediterraneen.fr, Juli, Aug. tgl. 10–19, April–Juni, Sept., Okt. Mo–Fr 10–12.30, 14–17.30, So 14–17.30 Uhr, 6 €) unter dem Burgturm gedeihen Kakteen und andere exotische Pflanzen.

A la campagne
Manoir la Trivalle
Die Niederländer Bert und Henny haben am Fuß der Gorges d'Héric ihren Traum vom Landleben im Midi verwirklicht und lassen ihre Gäste daran teilhaben. Das hübsch eingerichtete Herrenhaus und der Garten mit kleinem Pool garantieren einen angenehmen Aufenthalt.
Rte. des Gorges d'Heric, Mons-la-Trivalle, T 04 67 97 85 56, https://monslatrivalle.com, DZ inkl. Frühstück €, *gîte* für 2–4 Pers. Vermietung wochenweise

Logenplatz am Orb
Le Petit Nice
Auf der Terrasse über dem Fluss schmecken Omelette, Salat oder Pizza nochmal so gut. Jean Christophe Aragon bereitet zudem schmackhaft die Klassiker der Region zu, etwa geschmortes Kaninchen oder Forelle aus dem Jaur.
11, av. du Roc de l'Estang, Roquebrun, T 04 67 89 64 27, tgl. ab 10 Uhr geöffnet, Menü €–€€

Wege durch die Orb-Schlucht
Sehr zu empfehlen ist eine **Paddeltour** durch die Gorges de l'Orb. Keine Angst, der Parcours folgt der Strömung flussabwärts! **Canoë Roquebrun** (Chemin de Laroque, T 04 67 89 52 90, www.canoeroquebrun.com) bringt Sie samt Ausrüstung zum Startpunkt in Tarrassac (15 km, 5 Std.), Vieussan (10 km, 3 Std.) oder Ceps (5 km, 1,5 Std.).
Radfahrer mit ein wenig Kondition begeben sich von Roquebrun aus auf eine Rundtour über Berlou, Escagnès, Vieussan und durch die Gorges de l'Orb. Achtung, nach dem Aussichtspunkt mit Blick zurück auf Roquebrun in der Abfahrt rechts die kleine Straße nach Berlou (keine Schilder!) durch die Weinhügel nicht verpassen (ca. 30 km, 3 Std.).
Wanderer folgen ab Ceps auf dem Circuit l'Ayrolle der Orb-Schlucht (Rundweg, 10 km, 3,5 Std.).

Infos
OT: Av. de la Gare, 34390 Mons-la-Trivalle, T 04 67 97 06 65, www.minervois-caroux.com. Hier erhalten Sie auch Wanderbeschreibungen *(fiches rando)*.

Grün ist die vorherrschende Farbe an Orb und Jaur. Unten in den Tälern das frische Hellgrün des Weinlaubs, in den Hügeln das dunkle Graugrün der Garrigue.

In der Umgebung

Traumziel für Naturfreunde

1973 wurde der **Parc Naturel Régional du Haut-Languedoc** (🕮 D–H 10/11) geschaffen, der den Caroux, die Monts de l'Espinouse, die Monts de Lacaune und einen Teil der Montagne Noire umfasst. Die waldreiche Bergregion ist ein einmaliges Erholungsgebiet. Die mediterran geprägten Täler von Orb und Jaur am Südrand des Schutzgebietes können Aktive auf dem **Passa Païs** (▶ S. 66) erkunden. Gegen Norden steigen die Bergmassive auf über 1000 m an, die immergrüne Garrigue überlässt Kastanien- und Nadelbäumen, Ginster und Heide den Platz. Zahlreiche Bäche stürzen sich durch grandiose Felsschluchten ins Tal. Einen wunderbaren Überblick verschafft die **Table d'Orientation** auf dem **Caroux** (1091 m). Vom Bergnest **Douch** (🕮 H 10) führt ein Rundweg dorthin (8 km, ca. 3 Std.).

Adrenanlinkick garantiert

Im Nachbardépartement Tarn lohnt die **Passerelle de Mazamet** (🕮 D 11) die Anfahrt von ca. einer Stunde. Schwindelfrei sollten Sie sein, wenn Sie die Hängebrücke überqueren wollen.

Minerve 🕮 F 12

In Minerve, das malerisch auf einem Felsrücken am Zusammenfluss von Cesse und Brian liegt, wurde eines der düstersten Kapitel der Geschichte des Languedoc geschrieben. 1209 brannten hier nach wochenlanger Belagerung 200 Katharer auf dem Scheiterhaufen.

Einkehr mit Aussicht

Relais et Restaurant Chantovent

Die Plätze auf der Restaurantterrasse, die über der Brian-Schlucht schwebt, sind immer schnell besetzt. Kein Wunder bei diesem Panorama! Angenehm ist aber auch der helle und modern eingerichtete Speisesaal des alten Dorfhauses. Auf dem Teller überzeugt eine frische Bistro-Küche mit regionalen Produkten. Fünf hübsche Zimmer stehen im Haus gegenüber für Übernachtungsgäste bereit. Es lohnt, die Halbpension zu wählen!

17, Grand Rue, T 04 68 91 14 18, www.relaischantovent-minerve.fr, So abends, Di, Mi geschl., Menü €€–€€€, DZ €, mit Garage

Infos

OT: 9, rue des Martyrs, Minerve, T 04 67 97 06 65, www.minervois-caroux.com.

Grüner Weg durchs Haut-Languedoc – **Passa Païs**

Auf dem Passa Païs, einer früheren Bahnstrecke, können Sie vom mediterranen Midi bis ins Pyrenäenvorland radeln und einen Eindruck von der landschaftlichen Vielfalt des Haut-Languedoc gewinnen. Die fast ebene Strecke stellt kaum Ansprüche an die Kondition. Aber werden Sie nicht übermütig! Zurück geht's auch per Rad.

*Obwohl die Population der **Mufflons,** die 1956 im Caroux-Massiv ausgewildert wurden, heute auf etwa 1000 Tiere angewachsen ist, werden sie kaum den Weg der Radfahrer auf dem Passa Païs kreuzen. Außer in Olargues! Hier schmückt das Emblemtier des Caroux die Rückseite des Bushaltehäuschens.*

Die Bahnlinie Mazamet–Bédarieux eröffnete den Bauern im oberen Languedoc Ende des 19. Jh. den Zugang zu den Märkten und brachte ihnen bescheidenen Wohlstand. 1972 beförderte die Micheline, ein roter Schienenbus, zum letzten Mal Passagiere. 15 Jahre später wurde auch der Frachtverkehr eingestellt. Als *voie verte* erlebt die Trasse heute eine Renaissance. Die ›Räder‹ rollen wieder!

Am Fuß des Caroux

In **Mons-la-Trivalle** ❶ können Sie bei Bedarf ein Rad ausleihen. Von hier ist die Strecke Richtung Osten durch das Tal des Orb am abwechslungsreichsten. Gleich zu Anfang quert die Piste die spektakuläre Felskulisse der **Gorges d'Héric** ❷. Die Gumpen der Schlucht sind im Sommer beliebte Badeplätze, ein Wanderweg steigt hoch ins Caroux. Unten im Tal schlängelt sich der Orb auf die Brücke von **Tarrassac** ❸ zu, dem Startpunkt von Kajaktou-

Der Passa Païs ist etwas für jedes Alter. Bei max. 4 % Steigung rollt das Rad fast von alleine. Zudem ist die Piste frei von motorisiertem Verkehr, E-Bikes ausgenommen.

ren flussabwärts. Auch die **Gorges de Colombières** 4 sind das Ziel von Wanderern. Ein Stopp bietet sich an im Kurort **Lamalou-les-Bains** 1, der noch das Flair des alten Frankreichs ausstrahlt. Bevor Sie sich auf den Rückweg machen, erinnert in **Hérépian** 2 ein Museum an die Glockengießerei des Ortes.

Unter grünem Gewölbe

Von Mons Richtung Westen folgt der Passa Païs dem Lauf des Jaur talaufwärts. Schon bald ist **Olargues** 3 erreicht, das auf einem Felskegel über dem Fluss thront, und gleich zwei Postkartenansichten zeigt: im Osten die rot lackierte, eiserne Pont Type d' Eiffel (1889), im Westen die steinerne Pont du Diable (12. Jh.). Den i-Punkt setzt oben auf der Spitze des Felsens der zum Glockenturm umfunktionierte mittelalterliche Burgturm.

Kurz hinter Olargues weist ein Schild den Weg zur **Source du Fréjo** 5 (5 Min. Fußweg), wo Sie unter einem Wasserfall in den Jaur eintauchen können. Den **Viaduc de Julio** 4 umgeht der Passa Païs in einer ›Bergetappe‹. Hier heißt es: absteigen und schieben. Bei St-Etienne-d'Albagnon, Prémian und Riols führt die Piste am oberen Dorfrand vorbei. Der Abzweig zum ehemaligen Bischofssitz **St-Pons-de-Thomières** 5, wo ein archäologisches Museum und die Quelle des Jaur einen Abstecher lohnen, ist leicht zu verpassen. Wer noch genügend Kondition hat, fährt 6 km weiter bis fast an die Grenze des Départements nach **Courniou** 6. Dort gewährt die **Grotte de la Devèze** Zugang zu den unterirdischen Zauberwelten des Haut-Languedoc.

INFOS/ÖFFNUNGSZEITEN

Zeitplanung: je nach Strecke 1/2–1 Tag
Enfernungen: Mazamet–Courniou 33 km; Courniou–Mons 26 km, Mons–Hérépian 13 km
Internet: www.francevelotourisme.com
Leihräder 1**:** Tankstelle, D 908, Mons-la-Trivalle, T 04 67 97 64 42, https://velo-caroux.fr

KULINARISCHES FÜR ZWISCHENDRIN

Am Passa Païs öffnen im Sommer diverse Gartenlokale. Achten Sie auf die Schilder! Nicht zu verfehlen ist die **Auberge du Caroux** 1 (T 04 67 97 72 12, €) in Mons-la-Trivalle. Hier muss jeder vorbei, der auf der Piste unterwegs ist oder in die Gorges d'Héric will. Während der Saison stärkt **La Lampisterie** 2 am alten Bahnhof in Olargues mit ofenfrischen Pizzas.

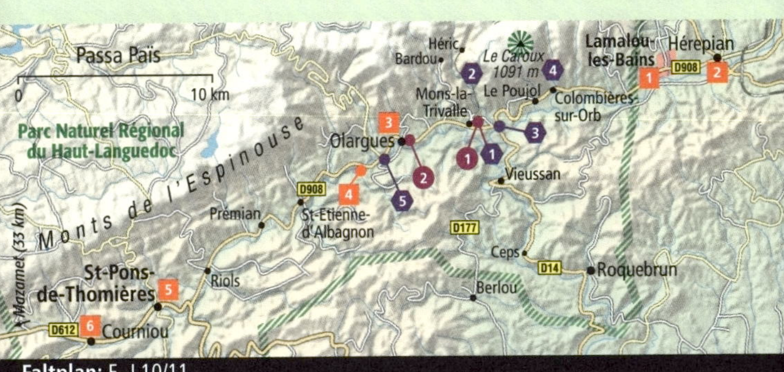

Faltplan: F–J 10/11

VISA
VISA
LES 3 & 4 AOÛT
GRUI- 2013
-SSAN
PLAGE DES CHALETS
/ PAPARAZZO
TR3NTE-
SEP7
D2UX
NAIVE NEW BEATERS (LIVE)
VANILLE (LIVE) - NAUGHTY J (NTM) - GREG BOUST
LIAM - ANJA - PETER PAN - MORU - LIVE SURPRISE !

Carcassonne, Narbonne, Pays Cathare

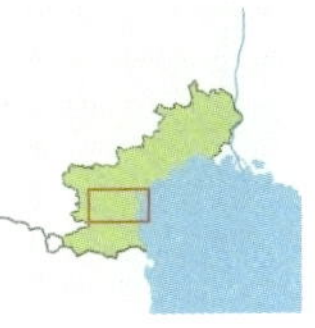

Für die einen ist Carcassonne das Idealbild einer mittelalterlichen Festungsstadt, für die anderen nur das Hirngespinst eines Romantikers. Narbonne präsentiert sich als reizendes Provinzstadt mit gewaltiger Kathedrale und Bischofspalast. Nicht weit ist es zum Meer, wo neben Fischer- und Winzerdörfern wie Gruissan und Leucate neue Ferienzentren entstanden. Landeinwärts in den Corbières sind auf schwindelerregendem Fels die Überreste der Katharer-Burgen auszumachen.

Carcassonne D 13

Die Präfektur des Département Aude (47 000 Ew.) ist eine geteilte Stadt: unten die jüngere Ville Basse – oben die Cité. Tausende Menschen aus aller Welt besuchen täglich die Festungsanlage, die 1997 ins UNESCO-Welterbe aufgenommen wurde.

Schachmatt

Abseits des Touristenrummels bewahrt die **Ville Basse** die beschauliche Atmosphäre einer südfranzösischen Kleinstadt. Kern der Unterstadt ist die **Bastide St-Louis,** die 1247 auf schachbrettartigem Grundriss angelegt wurde, als die Zivilbevölkerung von den Militärs Ludwigs XI. aus der Cité verwiesen wurde. Lebhaft geht es in der Bastide beim Wochenmarkt (Di, Do, Sa 7–13 Uhr) auf der zentralen **Place Carnot** zu. Lebhaftes Treiben herrscht in der Saison auch am **Bootshafen am Canal du Midi.** Das Gros der Touristen aber drängt sich in den Gassen der **Cité** (1 – 6 ▶ S. 72).

Bett und Tisch

bloc G 1

Mit minimalistischer, ja karger Einrichtung in Grau und Weiß setzt sich das ›Gästehaus‹ im Trivalle-Viertel deutlich vom üblichen Carcassonne-Klischee ab. Nur fünf Zimmer. Das **Restaurant** wird gerne von Einheimischen besucht.

112, rue Barbacane, T 04 68 47 58 20, www.bloc-g.fr, DZ inkl. Frühstück €€–€€€, auch Halbpension, Restaurant Mo geschl., *formule* €

Heimelige Atmosphäre

La Maison sur la Colline 2

Delphine empfängt Feriengäste in ihrem zauberhaften Haus in den Hügeln oberhalb der Cité wie Familienmitglieder. Die fünf *chambres d'hôtes* haben eine nostalgische Note. Im Garten erfreut ein Pool. Abends werden die Gäste auf Wunsch an der *table d'hôtes* verköstigt.

Chemin de Ste-Croix, T 04 68 47 57 94, www.lamaisonsurlacolline.com, DZ inkl. Frühstück €–€€, *table d'hôtes* auf Reservierung €€

Cassoulet muss sein

Auberge des Lices 1

Trotz der Lage im touristischen Zentrum stimmen hier die Qualität der Speisen und der gepflegte Rahmen. Mittags (Mo–Sa) und (So–Fr) abends wird ein *menu auberge* zu moderatem Preis angeboten. Spezialität des Chefs sind *cassoulet* und in Honig karamelisiertes Milchschwein.

3, rue Raymond-Roger-Trencavel, T 04 68 72 34 07, www.aubergedeslices.com, Sept.–Juni Di u. Mi geschl., Menü €€–€€€

Bei Kerzenschein

Au Jardin de la Tour 2

Welch eine Überraschung ist die große, lauschige Terrasse des Restaurants, die von der Mauer des Château Comtal begrenzt wird. Im Sommer können Sie hier unter Bäumen romantisch dinieren. Wenn's ungemütlich wird, sitzen die Gäste drinnen in geselliger Runde.

11, rue Porte-d'Aude, T 04 68 25 71 24, Di–Sa 19–22 Uhr, Menü €€

Infos und Termine

OT: 28, rue de Verdun, 11890 Carcassonne, T 04 68 10 24 30, www.tourisme-carcassonne.fr. Nebenstelle in der Cité (21, rue Cros Mayrevieille).
Aéroport de Carcassonne: Salvaza, www.aeroport-carcassonne.com. Zubringerbusse ins Stadtzentrum.
Gare SNCF: 1, av. du Maréchal Joffre. Verbindungen mit Narbonne, Castelnaudary, Limoux, Quillan.
Embrasement de la Cité: Mit Spannung erwarten am Aude-Ufer an die 700 000 Zuschauer das Feuerwerk am Abend des 14. Juli. Es ist der Höhepunkt des **Festival de la Cité** (www.festivaldecarcassonne.fr), das von Mitte Juni bis Mitte August mit etwa 120 Kulturveranstaltungen unterhält.

In der Umgebung

Karneval im Midi

Im Schatten von Platanen erreichen Sie 25 km Aude-aufwärts über die D 118 **Limoux** (C 15), das durch seinen traditionellen *carnaval* und den

CARCASSONNE

Sehenswert
1 Pont Vieux
2 Porte d'Aude
3 Château Comtal
4 St-Nazaire
5 Porte St-Nazaire
6 Porte Narbonnaise

In fremden Betten
1 bloc G
2 La Maison sur la Colline

Satt & glücklich
1 Auberge des Lices
2 Au Jardin de la Tour
3 Le Bar à Vins

Schaumwein **Blanquette de Limoux** Bekanntheit erlangte. Früher als in der Champagne soll ein Mönch der nahen Abbaye St-Hilaire die Flaschengärung des Schaumweins entwickelt haben. Zur Kellereibesichtigung lädt **Sieur d'Arques** ein (av. du Mauzac, www.sieurdarques.com, Mo–Sa 9.30–12.30, 14–18.30 Uhr).

Im schwarzen Wald
Carcassonne bietet sich an als Ausgangspunkt für eine Fahrt in die wald- und quellenreiche **Montagne Noire** an, die im 1211 m hohen **Pic de Nore** gipfelt. An den Ausläufern des Mittelgebirges liegt der alte Tuchmacherort **Montolieu** (🕮 C 13; www.montolieu-livre.fr) – mit über einem Dutzend Buchläden und regelmäßigen Buchmärkten ein Eldorado für Bibliophile. Im 8 km entfernten **Brousses et Villaret** (🕮 D 12) ist eine Papiermühle aus dem 18. Jh. in Betrieb. Ganzjährig finden Führungen statt, die in die Kunst des Papierschöpfens einweihen (T 04 68 26 67 43, www.moulinapapier.com). Über dem wilden Tal des Orbiel thronen die **Châteaux de Lastours** (🕮 D 12/13; D 101, https://chateaux-de-lastours.fr, Juli, Aug. tgl. 9–20, April–Juni, Sept. tgl. 10–18, Okt. tgl. 10–17, Feb., März Sa, So 10–17 Uhr, 8 €, 6–15 J. 3,50 €). Vergeblich versuchte Simon de Montfort 1210 die Festungsanlage, die aus den vier Burgen **Cabaret, Tour Régine, Surdespine** und **Quertineux** bestand, einzunehmen. Von der ehemaligen Fabrik am Fluss führt ein Rundweg zu den Ruinen (ca. 2,5 Std.).

Wer macht den besten Eintopf? Carcassonne wie auch **Castelnaudary** (🕮 B 13), 40 km westlich am Canal du Midi, beanspruchen Erfinder des *cassoulet* zu sein und beide preisen ihr Rezept als das einzig wahre und beste. In die *cassole,* den rostbraunen irdenen Topf, gehören in jedem Fall weiße Bohnen, Speckschwarte und Knoblauch, die durch Gänse- oder Entenconfit, Schweinefleisch und Würste gehaltvoll ergänzt werden. Das Ganze muss dann in Gänseschmalz über Stunden köcheln. Den Tontopf ebenso wie Konserven mit dem deftigen Eintopf verkauft **La Ferme du Pays D'Oc** in Castelnaudary (38, cours de la République, http://fermedoc.com, Mo–Sa 9–12.30, 15–19, So 9–12.30 Uhr).

Märchenhaft – **La Cité de Carcassonne**

Genau so erträumen wir uns eine mittelalterliche Festung: ein mächtiger Mauerring, gespickt mit unzähligen großen und kleinen Türmen. Doch lassen Sie sich nicht täuschen! Eugène Viollet-le-Duc rettete die Cité zwar vor dem Verfall, drückte dem Ensemble aber seinen eigenen, romantisch idealisierten Stempel auf.

Als **Karl der Große** die Festung belagerte, täuschte die maurische Burgherrin **Carcas** vor, weiterhin im Überfluss zu leben. Dazu wurde das letzte Schwein gemästet und über die Burgmauer geworfen. Die Finte glückte, die Belagerer zogen ab. Aus Freude ließ ›Carcas› die Glocken läuten *(›sonner‹)*. Die Büste der Burgherrin findet sich neben der Porte Narbonnaise.

Am besten ›erstürmen‹ Sie die Cité von der Flussseite aus. Auf dem etwa 15-minütigen Fußweg von der Bastide über die steinernen Bögen des **Pont Vieux** 1 (14. Jh.) und die Rue Barbacane hinauf zur **Porte d'Aude** 2 ergeben sich zauberhafte Perspektiven auf die mächtige Festung, deren Anfänge weit in die Geschichte zurückreichen.

Zeitreise

Der Felssporn über dem Aude-Ufer ist seit dem 6. Jh. v. Chr. besiedelt, bereits die Römer schützen das Oppidum im 3./4. Jh. mit einer Mauer. In den folgenden Zeiten bemächtigen sich Westgoten, Araber und Franken der Siedlung. Die einflussreichen Vizegrafen von Trencavel errichten im 12. Jh. eine Burg. Aber im heißen Sommer 1209 muss sich Raymond-Roger de Trencavel, ein Sympathisant der Katharer, nach nur wenigen Tagen Belagerung dem von Simon de Montfort angeführten Heer der nordfranzösischen Kreuzfahrer ergeben.

Die französischen Könige machen Carcassonne schließlich zu einem wichtigen Bollwerk an der Südgrenze ihres Reiches. Mit dem Pyrenäenfrieden 1659 aber versinkt die größte mittelalterliche Festung Europas in der Bedeutungslosigkeit. Ab 1853 wird die einzigartige Anlage unter der Ägide von Viollet-le-Duc restauriert.

Eine kurzweilige Zusammenfassung der komplizierten Baugeschichte liefert ein Film im **Château Comtal** 3, der Burg der Trencavel. Stumme Zeugen der Historie von Carcassonne sind die Fundstücke im **Musée Lapidaire** in der Burg. Von den Wehrgängen fällt der Blick auf die 52 Türme der Festung sowie hinab auf Dächer, Gärten und Gassen der Cité.

Ob der Falkner der Trencavels wohl mit seinem Double einverstanden wäre?

Ein Schloss für Dornröschen und Schneewittchen: Walt Disney wählte es als Vorlage für seine Zeichnungen. Seither wurden die historischen Mauern oft als Drehort genutzt.

Trubel und Stille

Vor dem Château brodelt es im Sommer von Touristen. Ruhiger ist es rund um die **Basilique St-Nazaire** 4. Während das romanische Langhaus (11. Jh.) der Kirche im Halbdunkel liegt, sind der gotische Chor und das Querschiff (13./14. Jh.) in farbiges Licht getaucht, das durch die herrlichen Glasfenster fällt.

Die **Porte St-Nazaire** 5 ermöglicht den Zugang zu den Lices, dem Brachland zwischen den beiden insgesamt 3 km langen Mauerringen. Die **Lices Hautes** erstrecken sich von hier bis zur **Porte Narbonnaise** 6, die mit zwei wuchtigen Türmen den Hauptzugang der Cité sicherte. Jenseits des Tors setzt sich der Spazierweg in den **Lices Basses** bis zur Porte d'Aude fort. Dabei lässt sich die Entwicklung der Festungsarchitektur seit römischer Zeit nachvollziehen.

Wer großes Gedränge nicht scheut, stürzt sich ins Menschengewusel an der **Rue Cros Mayrevieille,** wo Souvenirshops mit Mittelalter-Devotionalien und Ritter-Accessoires um die Gunst der Käufer buhlen. Erst wenn die Läden schließen, kann die kopfsteingepflasterte Gasse, die von schönen Fassaden gesäumt ist, ihren Charme entfalten. Überhaupt sollten Sie den Besuch der Cité in den Abend hinein ausdehnen, wenn das Gros der Touristen abgereist ist und die alten Mauern illuminiert werden.

▶ LESESTOFF

Die englische Autorin Kate Mosse, die im Barbacane-Viertel ein Ferienhaus besitzt, inspirierte die Aussicht auf die Festung zu ihrem spannenden Mittelalterroman **Das verlorene Labyrinth**.

INFOS/ÖFFNUNGSZEITEN

Parkplätze: kostenpflichtig außerhalb der Cité. Im Sommer überfüllt!
Château Comtal/ Remparts 3: www.remparts-carcassonne.fr, tgl. April–Sept. 10–18.15, Okt.–März 9.30–16.45 Uhr, ab 26 J. 9,50 €; Audioguide 3 €, ca. zweistündige Führung 13 €, 7–17 J. 8 €
St-Nazaire 4: April–Sept. 9–18.30, Nov.–März 9–17.30, So 11 Uhr hl. Messe (keine Besichtigung)

KULINARISCHES FÜR ZWISCHENDRIN

Die Gartenterrasse der **Bar à Vins** 3 (6, rue du Plô, auf Facebook, im Sommer tgl. 9–2 Uhr, im Winter Di geschl., €) ist perfekt für eine Pause. Es gibt herzhafte Kleinigkeiten, Süßes, Wein und oft Livemusik.

Faltplan: D 13/14 | Cityplan S. 71

Canal du Midi

F–G 13

Seit dem 24. Mai 1681 verbindet die Wasserstraße Atlantik und Mittelmeer. 14 Jahre dauerte der Bau der 240 km langen Rinne samt Treidelpfaden, Raststationen für Passagiere und Pferde, 130 Brücken, 63 Schleusen, 50 Aquädukten und einem Tunnel. Der schönste Abschnitt liegt zwischen dem großen Kanalhafen Homps und der alten Postschiffstation Le Somail – mit buckliger Eselsbrücke das Postkartenmotiv par excellence. Aber auch diese Strecke hat an Reiz eingebüßt, seit die Platanen am Kanalufer gefällt wurden. Lange wird es brauchen, bis die neu angepflanzten Bäume wieder ein grünes Gewölbe über der Wasserstraße bilden. Amüsant ist ein Halt an der Doppelschleuse de l'Aiguille bei Puichéric, an der die Figuren eines Blechkünstlers ihr Unwesen treiben.

Sonnengelbe Herberge
La Bastide Cabezac
Die ehemalige Poststation in Cabezac (G 13), wenige Kilometer nördlich von Le Somail, empfiehlt sich mit behaglichem Interieur, eleganten Zimmern, guter Küche, Pool und Garten auch als Quartier für mehrere Tage.

Hameau de Cabezac, Bize-Minervois, T 04 68 46 66 10, www.hotel-bastidecabezac.fr, DZ €–€€, Restaurant Di–Sa 19–23, So 12–14 Uhr, Menü inkl. Wein €€

Terrasse am Kanalufer
Le Comptoir Nature
Bei einem herzhaften Happen und einem Gläschen Landwein am Kanalufer sitzen und die Anlegemanöver der Boote verfolgen – das ist Urlaub im Midi par excellence. Nachmittags erfrischt ein Eis die Gäste. Im Sommer unterhalten mittwochabends Jazz-Konzerte, und freitagabends Gitarrenspiel und Chansons.

1, chemin de Halage, Le Somail, T 04 68 46 01 61, http://comptoirnature.free.fr, Ende März–Nov. tgl. ab 12 Uhr, Menü €

Leseratten am Kanalufer
La librairie ancienne du Somail
Ein ›Must‹ für Bücherfreunde ist der Besuch des Buchantiquariats und -ladens. In einem ehemaligen Weinkeller mit umlaufenden, deckenhohen Holzregalen hat Familie Gourgues über 50 000 Bücher zusammengetragen. Nichts, was es hier nicht gibt – oder zu besorgen ist.

28, allée de la Glacière, Le Somail, April–Mitte Nov. 9–12, 14.30–17.30 Uhr, Dez.–März 14.30–17.30 Uhr

In der Ölmühle
L'Oulibo
Neben Oliven, Olivenölen und allen erdenklichen Derivaten stehen in der Boutique der Ölmühle von Cabezac (G 13) auch Weine, Konfitüren und Honig zur Wahl. Als Speiseolive zum Apéro ist die sichelförmige grüne Lucques besonders delikat, aber auch am teuersten. Führungen informieren über den Anbau von Oliven und die Ölherstellung.

Hameau de Cabezac, Bize-Minervois, www.loulibo.com, Juli, Aug. 8–20, Juni, Sept. 8–13, 14–19, Okt.–Mai 8–12, 14–18 Uhr, Sa ab 9, So ab 10 Uhr

Kanalimpressionen
BigUp Cycling
Eine Reise im Hausboot über den Canal du Midi will geplant sein und dauert mindestens eine Woche, eine Radtour auf den Treidelpfaden am Ufer können Sie spontan unternehmen – auf eigene Faust oder geführt in der Gruppe. Neben Mountain- und E-Bikes verleiht BigUp auch Offroad E-Scooter.

28, rue Raoul Bonnafous, Argeliers, T 06 31 80 41 33, https://bigupcycling.com, tgl. geöffnet, Radverleih, Reparatur, Zustellservice

Narbonne H 14

Stolz reckt sich die Kathedrale über die Dächer Narbonnes und erinnert an die einstige Größe

NARBONNE

Sehenswert
- 1 Palais des Archevêques
- 2 Cathédrale
- 3 Horreum
- 4 Musée Narbo Via

In fremden Betten
- 1 Hôtel la Résidence

Satt & glücklich
- 1 En Face
- 2 Le Petit Comptoir

Stöbern & entdecken
- 1 Les Halles

Sport & Aktivitäten
- 1 Languedoc VTT Evasion

des schmucken Provinzstädtchens (57 800 Ew.). Nur wenige Schritte vom alten Machtbezirk der Bischöfe entfernt fließt der Canal de la Robine in einem Altarm der Aude mitten durchs Centre Ville, von schönen Uferpromenaden vorteilhaft in Szene gesetzt. Hier liegen auch die sehenswerten Halles.

Die Bischofsstadt

Die Place de l'Hôtel de Ville wird vom verschachtelten **Palais des Archevêques** 1 beherrscht. Er setzt sich aus Baukörpern verschiedener Epochen zusammen: dem romanischen **Palais Vieux** (12. Jh.) und dem **Palais Neuf** (16./17. Jh.), dem trutzigen **Tour de la Madeleine** und dem **Tour St-Martial** (13./14. Jh.), dem **Hôtel de Ville** im neogotischen Stil (19. Jh.) sowie dem mächtigen **Donjon Gilles Aycelin** (13. Jh.). 162 Stufen führen hinauf zum Wehrgang in 42 m Höhe und einer vortrefflichen Aussicht. In den pompösen Räumen des Palais Neuf zeigt das **Palais-Musée des Archevêques** Kunstwerke des 15.–20. Jh.

Neben dem Bischofspalast strebt der Chor der gotischen **Cathédrale St-Just et St-Pasteur** 2 zum Himmel. Mit 40 m Scheitelhöhe zählt er zu den höchsten in Frankreich. Infolge des Hundertjährigen Kriegs kam der Kathedralbau Mitte des

Aus dem Kreuzgang (14. Jh.) und dem Jardin des Archevêques (18. Jh.) öffnet sich der Blick auf das vielgliedrige Strebewerk der Kathedrale.

14. Jh. zum Erliegen und der von Türmen flankierte westliche Abschluss des Chors blieb ein ewiges Provisorium.

Palais-Musée u. Donjon: Juni–Sept. tgl. 10–18, Okt.–Mai Mi–Mo 10–12.45, 14–17/18 Uhr, 6 €

Die Römerstadt

Kaum vorstellbar, dass in antiker Zeit Seeschiffe vom Meer über den Etang de Bages und die Aude direkt ins Herz der Stadt fahren konnten. Dies begünstigte den Aufstieg von Narbo Martius zur Kapitale der römischen *Provincia Gallia Narbonensis*. Ihre monumentalen Bauwerke wurden jedoch allesamt dem Erdboden gleich gemacht. Einzige Spur der Römer ist ein kleines Stück der **Via Domitia** auf der Place de l'Hôtel de Ville. Weiterhin existieren zwei als Warenlager genutzte unterirdische Galerien von 50 und 38 m Länge. In diesem **Horreum** 3 (1. Jh. v. Chr.) lassen Geräusche und Lichteffekte römisches Marktleben lebendig werden.

Horreum: 7, rue Rouget de l'Isle, Di–So Mai–Sept. 10–13, 14–18, Okt.–April 10–12, 14–17 Uhr, ab 26 J. 5 €

Stein an Stein

An die 1700 Fragmente antiker Gebäude sowie Grabmale, die im Mittelalter in der Stadtmauer verbaut worden waren, wurden nach deren Abriss Mitte des 19. Jh. gerettet und eingelagert. Heute bilden sie den Dreh- und Angelpunkt des 2021 eröffneten **Narbo Via** 4. Das lichtdurchflutete ebenerdige Museum entstand nach Plänen des renommierten Architekturbüros Foster+Partners am Canal de la Robine am östlichen Stadtzugang. Der Hingucker ist eine Galeriewand in Form eines industriellen Hochregals, die das Museum der Länge nach teilt. Sie ist bestückt mit den antiken Steinen, die die Besucher an Medienstationen virtuell unter die Lupe nehmen können. Des Weiteren vervollständigen Mosaiken und Wandgemälde aus römischen Villen Statuen und Säulen des Kapitols sowie Unterwasserfunde aus den Häfen das Bild des antiken Narbo Martius.

2, av. André Mècle, https://narbovia.fr, Di–So Mai–Sept. 10–19, Okt.–April 11–18 Uhr, ab 26 J. 8 €

Stilvoll
Hôtel la Résidence 1

Das Stadtpalais aus dem 19. Jh. präsentiert sich mit Marmortreppe, hohen Stuckdecken und ausgewählten Antiquitäten in klassischer Eleganz. Trotz der zentralen Lage finden Sie hier in 26 Zimmern Ruhe und Komfort.

6, rue du 1er Mai, T 04 68 32 19 41, www.hotelresidence.fr, DZ €–€€

Terrasse am Kanal
En Face 1

Mit einer Terrasse an der Kanalpromenade macht das simple Restaurant auf sich aufmerksam. Innen reihen sich ein Dutzend kleine, rot-weiß kariert eingedeckte Bistrotische entlang der Theke. Die Preise sind fair, das Serviceteam ist freundlich.

27, cours de la République, T 04 68 75 16 17, Do–Mo mittags u.abends geöffnet, im Sommer auch Di mittags, Menü €–€€

Im Bistrostil der 1930er-Jahre
Le Petit Comptoir et Le Zinc 2

Frische und Qualität haben hier Priorität. Die Weinkarte mit über 300 Referenzen ermöglicht es, die schönsten *crus* der Region zu probieren – auch in der zugehörigen Bar Le Zinc. Zu Recht sehr beliebt. Unbedingt reservieren!

4, bd. du Maréchal Joffre, T 04 68 42 30 35, www.petitcomptoir.com, Di–Sa 12–14, 19.30–22 Uhr, Le Zinc ab 18.30, Menü €€

Entlang des Kanals
Languedoc VTT Evasion 1

Vom Stadtzentrum aus können Radfahrer entlang dem **Canal de la Robine** zu Exkursionen aufbrechen. Nach Norden führt eine Tour durch Weinfelder bis zur Abzweigung in den **Canal du Midi** nahe Le Somail. Nach Süden geht es zunächst ebenfalls durch Weinreben und weiter auf schmalem Damm zwischen den Etangs nach **Port-la-Nouvelle** ans Meer. Unterwegs lohnt ein Abstecher zum kleinen Freizeithafen **La Nautique,** mit dem charmanten Hafenbistro (T 04 68 91 53 73, außerhalb der Saison So abends, Mo, Di geschl., €).

Radverleih: Pont de la Liberté (Ecke quai Victor Hugo), T 06 74 89 75 98, www.languedoc-vtt-evasion.com, April–Okt. tgl. 10–12.30, 16.30–18.30 Uhr, Reservierung empfohlen, auch Zustellservice sowie geführte Touren

FRISCHEPARADIES

Les Halles 1, die 1901 im Stil von Baltard als Metallpavillon erbaut wurden, sind eines der schönsten Marktgebäude im Midi. Unter dem majestätischen Dach preisen an die 80 Händler täglich von 7 bis 14 Uhr Obst und Gemüse, Fisch und Fleisch, Käse und Wein in großer Vielfalt an. Donnerstag und Sonntags wird rund um die Halles der Wochenmarkt aufgebaut. Ein typisches Einkaufsvergnügen à la française!

Infos

OT: 31, rue Jean-Jaurès, 11100 Narbonne, T 04 68 48 1 481, www.cotedumidi.com.
Gare SNCF: Av. Carnot. Regional- und Fernzüge, auch TGVs.
Gare routière: Bd. du Docteur-Léon-Auge, Info: www.lio-occitanie.fr

IN DER UMGEBUNG

Ein Ort voller Harmonie

Versteckt in einem Tal der Corbières liegt die gut erhaltene **Abbaye de Fontfroide** (G 14). Im Mittelalter war die Zisterzienserabtei (12. Jh.) eines der einflussreichsten Klöster in Südfrankreich und zugleich ein wichtiges Bollwerk gegen die Häresie. Kurzweilig und sehr informativ sind die Führungen. Zur Abtei, die seit 1908 in Privatbesitz ist, gehören eine *domaine* (Weinverkauf vor Ort) sowie ein empfehlenswertes Restaurant (T 04 68 41 02 26, €€–€€€).

RD 613, 15 km südl. von Narbonne, www.fontfroide.com, Juli, Aug. 9.30–19, April–Juni, Sept., Okt. 10–18, Nov.–März 10–12.30, 13.30–17 Uhr, Rundgang ca. 1.30 Std. mit Flyer oder App, 13,50 €, 6–25 J. 9 €

Gruissan H/J 14

Schneckenhausförmig umringen die Häuser einen Felssockel mit der Ruine der Tour Barberousse. Im Mittelalter bewachte diese Burg die Hafenzufahrt von Narbonne. Um die Touristen anzulocken, entstand in den 1970er-Jahren neben dem alten Dorf ein moderner Badeort mit Jachthafen. Ein Kuriosum ist die Pfahlhaussiedlung Les Pilotis direkt am Strand.

Krebsrot

In der **Salin de Gruissan** zaubern Licht und Farben faszinierende Motive für Fotografen und Maler. Eine kleine Ausstellung zeigt sie. Wissen Sie, woher die grell rot-violette Färbung rührt? Verantwortlich ist *Artemia salina*, ein winziger Krebs, der in den Salinen bestens gedeiht. Je höher die Salzkonzentration, desto intensiver seine Rottönung. Viele weitere Fragen rund um die erstaunliche Alchemie aus Sonne, Wind und Meerwasser werden auf einem Spaziergang oder einer Rollerfahrt durch die Salzgärten sowie im **Ecomusée** geklärt. Im Hochsommer können Sie bei der Ernte der besonders delikaten *fleur de sel* zusehen – sie ist der Kassenschlager der **Boutique du Saunier**.

Salin de l'Île St-Martin, www.lesalindegruissan.fr, tgl. Juli, Aug. 10–21, Mai, Juni, Sept. 10.30–19.30, Okt.–Dez., Feb.–April 10.30–18.30 Uhr, Führungen April–Nov. mehrmals tgl.

Am Rand des Schneckenhauses

La Maison de Gruissan

Das Herrenhaus (19. Jh.) wurde mit Respekt vor der historischen Bausubstanz restauriert; so blieben auch die farbigen Zementfliesen erhalten. Ausgesuchte alte Möbelstücke verleihen zwei *chambres d'hôtes* und zwei Suiten eine persönliche Note. Ein schattiger Hof steht allen Gästen zum Ausspannen zur Vefügung.

16, av. du Général Azibert, T 06 58 55 89 44, www.chambre-hote-gruissan.fr, DZ inkl. Frühstück €–€€

GENIESSEN IN DEN SALINEN

Bei der Umwandlung der **Salin de Gruissan** in ein Ökomuseum entstand die Idee, in den ungenutzten Becken Austern aus dem Etang de Thau einen letzten raffinierten Touch zu verleihen und sie in der **Cambuse du Saunier** gleich vor Ort zu vermarkten. Das einfache Strandlokal hat sich inzwischen zu einem gastronomischen Hotspot entwickelt, der nicht nur Fisch und Austern auf den Tisch bringt. Ohne Reservierung läuft hier gar nichts! (T 04 84 25 13 24, www.lesalindegruissan.fr, April–Okt. tgl. mittags u. abends, Austernverkostung durchgehend, im Winter eingeschränkt geöffnet, Gerichte ab €)

Wandern, Biken, Klettern, Reiten

Montagne de la Clape

Zahlreiche ausgeschilderte Wander-, Rad- und Reitwege durchziehen das Karstmassiv. Auf einem Pilgerweg geht es von Gruissan hoch zur Kapelle Notre-Dame-des-Auzils (▸ S. 80). Routen und Veranstalter unter www.gruissan-mediterranee.com. Klettersportler finden Infos unter www.grimper.com/site-escalade-la-clape.

Infos und Termine

OT: 80, bd. du Pech Maynaud, 11430 Gruissan, T 04 68 49 09 00, www.gruissan-mediterranee.com.
Fête des Pêcheurs: 29. Juni, Schiffsprozession, Segnung der Fischernetze.

IN DER UMGEBUNG

Auf Safari

Kleine Nebenstraßen führen um den **Etang de Bages et de Sigean** (H 14/15) zu den malerischen Fischerdörfern **Bages** und **Peyriac-de-Mer.**

Der Besuchermagnet am Etang ist die **Réserve Africain de Sigean**. Sie fahren im eigenen Pkw durch den Safaripark und können dabei Löwen, Zebras, Giraffen und andere Wildtiere aus nächster Nähe beobachten. Ein gesicherter Weg erlaubt es auch, zu Fuß auf Pirsch zu gehen.

19, chemin Hameau du Lac, Sigean, www.reserveafricainesigean.fr, tgl. ab 9 Uhr, 33 €, 4–14 J. 24 €

Mit Blick über die Lagune

Le Portanel

Eine zauberhafte Adresse, um die Produkte des Etang de Bages zu kosten. Je nach Saison steht sogar Aal in allen Variationen auf der Karte. Aber auch die Fleischgerichte sind zu empfehlen.

La Placette, Bages, T 04 68 42 81 66, http://leportanel.net, So abends, Mo geschl., Menü € (nur mittags)–€€

Leucate H 16

Den 10 km langen Lido des Etang de Leucate überziehen die Apartmentanlagen und Ferienhäuser von Port-Leucate und Port-Barcarès. An den Beginn des Badetourismus Anfang des 20. Jh. erinnern die kleinen Ortschaften La Franqui und Leucate-Plage beidseitig des Felsrückens am Cap Leucate. Das landeinwärts gelegene alte Dorf Leucate lebt nach wie vor von der Austernzucht und dem Weinbau.

Ideal für Strandurlauber

La Côte Rêvée

Das Rauschen der Wellen ist für die Gäste des kleinen einfachen Hotels am Fuß des Cap Leucate ein ständiger Begleiter, vor allem wenn sie ein Zimmer mit Meerblick wählen. In der Hochsaison wird die Idylle allerdings empfindlich gestört, dann gesellt sich zur Meeresmelodie das Stimmengebrumm von der großen Restaurantterrasse im Erdgeschoss (€–€€).

55, bld. du Front de Mer, Leucate-Plage, T 04 68 40 72 72, buchbar über Hotelportale, DZ €–€€

Am Leuchtturm auf dem Kap

Bistrot Aphyllanthe

Im **Grand Cap** hoch oben auf dem Felsen von Leucate beglückt Erwan Houssin eine zahlungskräftige Kundschaft mit erlesenen Menüs. Sehr gut ist aber auch die Küche im coolen **Bistrot Aphyllanthe**

Gruissan und Leucate gelten als Mekka der Surferszene. Bei Mondial du Vent Anfang April und Défi Wind Mitte Mai treten über 1000 Wind-, Kite- und Wingfoilsurfer aus aller Welt an. Bei Flaute geht's aufs SUP-Board.

Von Weinbauern und Seefahrern – **La Clape**

Schon den Römern galt das Karstmassiv am Meer als bevorzugtes Weinbaugebiet. Der weitaus größte Teil dieses ›Steinhaufens‹, denn nichts anderes bedeutet ›clapas‹ auf okzitanisch, bleibt jedoch der Natur überlassen. An exponierter Stelle wacht Notre-Dame-des-Auzils über das Wohl der Seeleute aus Gruissan.

Die Montagne de la Clape, einst eine Felseninsel, die erst im 14. Jh. mit dem Festland verschmolz, ist aufgrund ihrer Einmaligkeit seit 1973 ein klassifizierter Naturraum *(site naturel classé)* und gehört seit 2003 zum **Parc Naturel Régional de la Narbonnaise.** Hier registriert man rekordverdächtige 3000 Sonnenstunden im Jahr. 13 verschiedene Winde fegen über das Massiv hinweg und verscheuchen die Wolken. Regenfälle sind selten, aber dafür um so heftiger.

▶ INFOS

Das Anbaugebiet der **Appellation La Clape,** zu 80 % Rotweine, dehnt sich zwischen Narbonne und dem Meer auf 768 ha aus und umfasst sechs Gemeinden. 27 Winzer und drei Kooperativen stellen sich auf der Website https://la-clape.com vor.

Einladung zur Dégustation

In diesem extremen Klima gedeiht auf karstigen Böden die typische Mittelmeervegetation: duftende Gewürzpflanzen und immergrüne Zwergsträucher, Stein- und Kermeseichen, Aleppokiefern und Schirmpinien. Zwischen Schluchten und Felsbarrieren haben die Bauern der Natur kleine Parzellen für den Oliven- und Weinbau abgetrotzt. Etwa 40 Winzer produzieren auf diesem außergewöhnlichen Terroir Weine von großem Renommee. Tafeln weisen den Weg zu den Châteaux. Über holprig-

Vor dem Eingang ein Wachposten für die Kapelle, innen die Madonna, die die Seeleute beschützt.

abenteuerliche Zufahrten geht es auch fast hinauf zum 214 m hohen **Pech Redon,** dem Gipfel von La Clape. Immer wieder ergeben sich Blicke hinab nach Narbonne oder aufs glitzernde Meer.

Trugbilder

Beeindruckend ist auch die Aussicht von der 1635 errichteten **Chapelle Notre-Dame-des-Auzils** 1. Die Kapelle ist auf der schmalen Route Verte zu erreichen, die von der D 32 ca. 300 m südlich der Zufahrt zum Château Capitoul abzweigt. Vom Park- und Picknickplatz unter Kiefern steigen Besucher in etwa 15 Minuten über die sogenannte ›Allee der Ertrunkenen‹ hinauf zur Kapelle. Entlang des Wegs ehren 27 Gedenksteine verstorbene Seeleute aus Gruissan: Ein einzigartiger **Cimetière Marin,** denn niemand ist hier tatsächlich beerdigt.

Wie ein Seefahrtsmuseum mutet die Kapelle an, die 27 Modelle und 73 Bilder von Schiffen bewahrt. Sie sind Dankesbekundungen an die Madonna für eine Rettung aus Seenot. Ungeklärt blieb der Raub von ca. 50 der Votivtafeln im Jahr 1967. Zum Glück fanden die Gruissanais Fotografien der gestohlenen Gemälde, die so als Trompe-l'oeil direkt auf die Kapellenwände kopiert werden konnten. Sie müssen schon genau hinsehen, um die ›Fälschungen‹ zu erkennen. Ostermontag und Pfingstmontag ist die Kapelle traditionell das Ziel einer Wallfahrt.

»Um 13 Uhr liefen wir aus, um den deutschen Segler Fara Way aus schwerer See zu bergen, gerieten aber selbst in Bedrängnis. Ich dachte, mein letztes Stündlein habe geschlagen, als die Wellen über uns einbrachen. Beim Auftauchen fiel mein erster Blick auf Notre-Dame-des-Auzils. Die Madonna hatte uns gerettet.« So erinnerte sich Kapitän Carbonel an eine dramatische Rettungsaktion im August 1992.

INFOS/ÖFFNUNGSZEITEN

Erkundung La Clape: 1/2 Tag
Notre Dame des Auzils 1: Mi–So April–Mitte Juni 10–12, 15–18.30, Mitte Juni–Aug. 8–13.30, Sept., Okt. 10–12, 14–17.30 Uhr, festes Schuhwerk ratsam

KULINARISCHES FÜR ZWISCHENDRIN

Wie wäre es mit einem Picknick zwischen Reben? Das **Château le Bouïs** 1 (Route bleue, T 04 68 75 25 25, https://chateau-lebouis.com, 9–19 Uhr, €) stattet Sie mit einem Korb voll Leckereien und allen Utensilien aus – sowie Liegestuhl auf Wunsch.

Faltplan: H/J 14

im Erdgeschoss unter dem Sternerestaurant. Die Aussicht über die gesamte Küste ist auch hier umwerfend.

Chemin du Phare, Leucate, T 09 67 78 13 73, www.restaurant-grand-cap.fr, So, Mo, Do jeweils mittags, Fr, Sa mittags u. abends geöffnet, Wurst- oder Käseplatte €, *formule* €€

Infos und Termine

OT: Espace Henry de Monfreid, 185, rue du Veyret, 11370 Port-Leucate, T 04 68 40 91 31, www.tourisme-leucate.fr.

In der Umgebung

Auf verlorenem Posten

Ferdinand von Aragón ließ die **Forteresse de Salses** (G 16) 1497 an der Nordgrenze seines Reiches errichten. Die genial konzipierte Anlage ist ein einmaliges Beispiel der Militärarchitektur zu Beginn der Neuzeit. 1691 wurde das Bollwerk unter französischer Regie nach Plänen Vaubans verstärkt. Allerdings hatte es seine militärische Bedeutung da bereits eingebüßt: Seit dem Pyrenäenfrieden 1659 verlief die Grenze zwischen Spanien und Frankreich weiter südlich über die Bergkämme.

Der **Mémorial du Camp de Rivesaltes** (G 17) nahe Salses-le-Château erinnert in bewegender Weise an Flucht infolge von Kriegen und Verfolgung wegen Herkunft, Glaube oder Gesinnung. Nach1938 diente das Lager als Transitort für spanische Bürgerkriegsflüchtlinge. Während des Vichy-Regimes warteten hier Juden, Zigeuner und Kommunisten auf ihre Deportation, am Kriegsende wurden dann deutsche Soldaten interniert. Nach dem Algerienkrieg lebten im Lager vorübergehend 21 000 Harkis (www.memorialcamprivesaltes.eu).

Salses-le-Château, http://www.forteresse-salses.fr, April–Sept. tgl. 10–18.30, Okt.–März 10–12.45, 14–17.15 Uhr, letzte Führung je 1.15 Std. vor Schließung, ab 26 J. 8 €

Lagrasse F 14

Das Bilderbuchdorf am Orbieu war im Mittelalter der wichtigste Handelsplatz in den Corbières. Aus dieser Zeit stammen die Überreste der Stadtbefestigung und die offene Markthalle. Größte Attraktion aber ist die Abtei.

Seit der Revolution geteilt

Die mittelalterliche **Pont Vieux** buckelt vom Dorf über den Orbieu zur 779 gegründeten Benediktinerabtei **Ste-Marie-d'Orbieu**, eines der ältesten und mächtigsten Klöster des Languedoc. Die Gebäude rund um den **Logis Abbatial** befinden sich im Besitz der öffentlichen Hand. Die gotische **Abteikirche** mit dem wuchtigen Glockenturm und dem Kreuzgang von 1760 hat die Ordensgemeinschaft der Chanoines übernommen. Ein Besuch der Abtei kann auf der Terrasse des **Café littéraire** ausklingen (Mitte Juni–Mitte Sept. tgl., sonst Sa, So 10.30–19 Uhr).

Logis Abbatial: https://abbayedelagrasse.aude.fr, Feb.–März Mo–Sa 10–17, April–Dez. tgl. 10–19 Uhr, 5 €; **Abteikirche:** https://lagrasse.org, Mitte April–Mitte Nov. Fr–Mi, sonst nur Sa, So 15.15–18 Uhr, 4 €

Ungestörte Ruhe
Hostellerie des Corbières

Die sechs sonnigen Zimmer mit Dielenböden und hübschem Mobiliar sowie die vorzügliche regionale Küche kommen ohne Chichi aus. Die jungen Wirtsleute umsorgen ihre Gäste auf charmante Weise. Dorfleben vom Feinsten!

9, bd. de la Promenade, T 04 68 43 15 22, www.hostellerie-des-corbieres.com, DZ inkl. Frühstück €–€€, Do geschl., Menü €€

Infos

OT: 16, rue Paul Vergnes, 11220 Lagrasse, T 04 68 27 57 57, www.tourisme-corbieres-minervois.com

Die Moulin d'Omer in Cucugnan wurde nicht nur als Blickfang restauriert: Hier wird auch noch mit Windkraft Getreide – meist alte Sorten – gemahlen. Das Mehl verarbeiten die Maîtres de Mon Moulin zu köstlichem Brot und Gebäck.

In der Umgebung

Wein und Burgen

Ab Lagrasse durchstreift eine **Route20 Corbières** (https://vins-corbieres.com/fr) die wilde Hügellandschaft an den Ausläufern der Pyrenäen. An schroffe Karsthügel schmiegen sich die Rebflächen der Appellationsweine. Burgfesten erinnern an die Kreuzzüge gegen die Katharer. 1321 fand diese Epoche ihr offizielles Ende, als Guilhem Bélibaste im **Château de Villerouge Termenès** (🕮 F 15; www.audecathare.fr) auf dem Scheiterhaufen brannte. Die trutzige, von vier Ecktürmen gerahmte Burg steht inmitten eines mittelalterlichen Weilers. Viel eindrucksvoller aber sind die Festungsanlagen auf schwindelerregenden Felsgraten, wie die **Châteaux de Quéribus** und **Peyrepertuse** am Südrand der Corbières. Das Dörfchen **Cucugnan** (🕮 F 16) liegt strategisch günstig für ihre Erkundung (▸ S. 84).

In grauer Vorzeit

Auf die Spuren der ersten Bewohner der Corbières stießen Archäologen in den 1970-er Jahren in der **Caune de l'Arago.** Zehn Jahre benötigten die Forscher, um aus Schädel- und Knochenresten den Tautavel-Mensch zu rekonstruieren – mit 450 000 Jahren nicht einmal der älteste Europäer. Das ergaben 2014/15 die sensationellen Funde von ca. 560 000 Jahre alten menschlichen Zähnen. Eine Reise in die Grotte zu unseren frühen Vorfahren ermöglicht das **Musée de Préhistoire de Tautavel** (🕮 F 17).

Av. Léon-Jean Grégory, http://450000ans.com, tgl. Mitte Juli–Aug. 10–19, März–Mitte Juli, Sept., Okt. 10–12.30, 14–18 Uhr, 8 €, 7–14 J. 4 €

Schlupfloch ins Pays Catalan

Knapp 20 km westlich von Cucugnan hat der Agly durch den Rand der Corbières eine enge Passage Richtung Süden geschaffen. Die durch die wilden **Gorges de Galamus** (🕮 E 16) führende D 7 ist kaum breiter als 2 m und windet sich unter bedrohlich überhängenden Felswänden am Abgrund entlang. Kein Durchkommen für Campmobile! Am besten Sie erkunden die Klamm zu Fuß. Dabei stoßen Sie auch auf die **Ermitage St-Antoine-de-Galamus.**

www.gorgesdegalamus.fr, Parkplätze an beiden Enden der Schlucht, Pendelbus im Sommer

Adlerhorste aus Stein – **Châteaux cathares**

Die Burgruinen in den Corbières bewahren die Erinnerung an die Katharer. In den unzugänglichen Festungen hatten die Andersgläubigen zwar Zuflucht vor den königlichen und päpstlichen Verfolgern gefunden. Wer den mühsamen Aufstieg auf sich nimmt, wird aber erkennen, wie aussichtslos ihre Lage war.

Nach dem Sieg der Kreuzfahrer und dem Vertrag von Corbeil (1258) ließ Ludwig IX. die Burgen von Quéribus, Aguilar, Peyrepertuse, Puilaurens und Termes als Verteidigungsgürtel an der Südgrenze seines Reiches ausbauen. Erst mit dem Pyrenäenfrieden 1659 verloren die sogenannten ›Fünf Söhne von Carcassonne‹ ihre strategische Bedeutung.

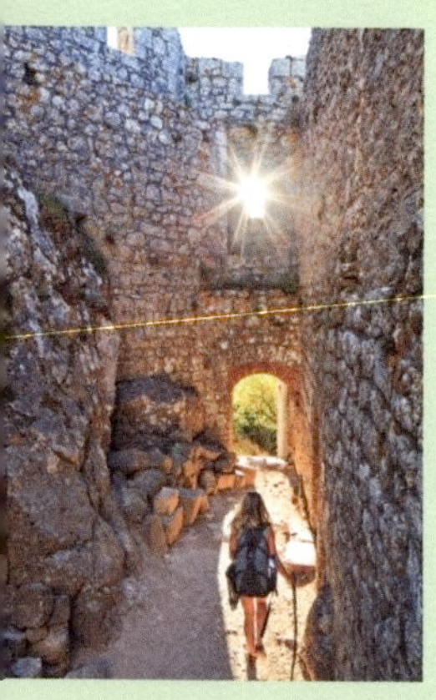

Wie mag der Alltag der Katharer während der Belagerung durch die Kreuzzügler ausgesehen haben? Welche Geschichten könnten die Mauern von Peyrepertuse erzählen? Die ›Reinen‹ selbst haben keinerlei Spuren hinterlassen. Einzige historische Quellen bilden die Protokolle der Inquisition.

In schwindelnder Höhe

Von **Cucugnan** steigt die Straße zum Pass **Grau de Maury** empor, über den das **Château de Quéribus** 1 wacht. Wie ein Adlerhorst thront die Burgruine in 729 m Höhe auf einer windumpeitschten Felsspitze. Der nur zehnminütige, aber anstrengende Anstieg zu dem massigen, vieleckigen Burgturm wird belohnt mit einem einmaligen Blick auf die Ebene des Roussillon und die Hügel der Fenouillèdes, über die der Pic du Canigou sein markantes Haupt erhebt. Nach dem Fall der Burg von Montségur (1244) war Quéribus die letzte Zufluchtsstätte der Katharer. 1255 wurde die Festung nach kurzer Belagerung kampflos den Truppen Ludwig IX. übergeben.

Verteidigung auf zwei Ebenen

Wenige Kilometer westlich von Cucugnan entdecken scharfe Augen auf einem Berggrat in 780 m Höhe die kühne Silhouette des **Château de Peyrepertuse** 2. Die Ruinen, die sich über zwei Ebenen erstrecken, sind von den Felszacken kaum zu unterscheiden. Vom Parkplatz am Ende einer kleinen Bergstraße führt ein beschwerlicher Waldweg in 20 Minuten zur Unterburg aus dem 11./12. Jh. Sie

Benjamin und Eric begleiten Mutige im Gleitschirm auf einem atemberaubenden Tandemflug rund um Peyrepertuse oder Quéribus.

musste ihre Wehrkraft niemals unter Beweis stellen, denn der Burgherr unterwarf sich 1240 kampflos der französischen Krone, die in den Folgejahren auch das obere Felsplateau befestigen ließ. Über eine schwindelerregende, in den Fels gemeißelte Treppe steigen die Besucher empor zum jüngeren **Château Sant-Jordi.** Zerstört wurde Peyrepertuse erst während der französischen Revolution von den Bewohnern der umliegenden Dörfer, die sich hier mit Baumaterial versorgten. Im Juli und August ist die Burgruine die zünftige Kulisse für Falknervorführungen. Mitte August versetzt ein riesiges Mittelalterfest zurück in die Ritterzeit.

INFOS/ÖFFNUNGSZEITEN

Dauer: 1/2–1 Tag
Quéribus 1: Cucugnan, www.cucugnan.fr, Juli, Aug. 9–20, Mai, Juni, Sept. 9.30–19, März, April, Okt. 9.30–18.30, Dez.–Feb. 10–17 Uhr, 7,50 €, 6–15 J. 4,50 €
Peyrepertuse: 2 Duilhac-sous-Peyrepertuse, www.peyrepertuse.com, Juli, Aug. 9–20, April–Juni, Sept. 9–19, März, Okt. 10–18, Nov.–Feb. 10–16.30/17 Uhr, 7 €, 6–12 J. 4 €
Achtung: Bei Starkwind werden die Burgen für Besucher gesperrt. Obacht bei Nässe auf rutschigen Steinen. Am besten Wanderschuhe tragen!
Gleitschirmflug: T 07 69 29 61 05, www.parapente66.com, Feb.–Okt. bei guten Wetterbedingungen, ab 100 €

KULINARISCHES FÜR ZWISCHENDRIN

Die **Auberge du Vigneron** 1 (2, rue Achille-Mir, Cucugnan, T 04 68 45 03 00, www.auberge-vigneron.com, So abends, Mo geschl., Menüs €€–€€€, DZ €–€€) ist perfekt – für eine Pause oder über Nacht. Tolle Panoramaterrasse!

Faltplan: E 16

Perpignan und Pays Catalan

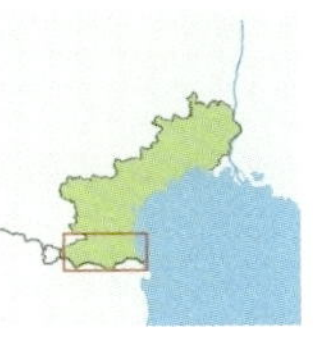

Die katalanische Vergangenheit prägt bis heute das Temperament von Perpignan, der heißesten Stadt Frankreichs. Aber nur einen Katzensprung entfernt liegen die kühlen Hochtäler der Pyrenäen. Hier zeugen die Klöster am Canigou von einer frühen Blüte der Romanik (im Foto die Vorhalle der Prieuré de Serrabone), die Festungen in Villefranche-de-Conflent und Mont-Louis von einer Wende in der Militärarchitektur. Südlich von Perpignan findet die Sandküste Okzitaniens bei Collioure ihr grandioses Finale in den Felsen der Côte Vermeille.

Perpignan G 17/18

»Fidelissima Vila (treueste Stadt) de Perpinyà« nennt sich Perpignan (116 600 Ew.) heute stolz auf Katalanisch und erinnert damit an den hartnäckigen Widerstand gegen die französische Annexion 1659. Vor allem in der von Boulevards umspannten Altstadt zeigt Perpignan seine katalanische Seite. Für einen Plausch und ein Gläschen im Café findet man hier tagsüber immer Zeit, und die Nächte sind lang. Mit ehrgeizigen Neubauten, wie etwa dem Théâtre de l'Archipel nach Plänen des Stararchitekten Jean Nouvel, positioniert sich Perpignan gleichzeitig als moderne europäische Kulturstadt.

Karfreitag, Schlag 15 Uhr, kündigen metallisches Geläut und ein kurzer, dumpfer Trommelwirbel den Beginn der **Procession de la Sanch** an. In den Gassen von Perpignan hält für drei Stunden das Mittelalter Einzug. Angeführt vom *régidor* mit der eisernen Handglocke, bewegt sich der Zug gemessenen Schrittes und unter Absingen katalanischer Kirchenlieder *(goigs)* von der **Kirche St-Jacques** 6 in Richtung Kathedrale. Die Frauen tragen Schwarz, während die Männer in die Furcht einflößende schwarze oder scharlachrote *caperutxa* gehüllt sind, eine bodenlange Kutte mit spitzer Kapuzenkappe. Schwer tragen die Teilnehmer an zahlreichen *misteris*, lebensgroße Skulpturen, die einzelne Szenen der Kreuzigung darstellen. Für gläubige Katholiken ist die Sanch, die ihre Anfänge im 15. Jh. findet, Ausdruck tiefer Religiosität, für die Kritiker nichts anderes als ein grandioses touristisches Spektakel.

MUSEEN, DIE LOHNEN

Mehr als roter Backstein

Auf den ersten Blick könnte man meinen, dass Perpignan sich auf Backsteinkunst beschränkt 1–5 ▸ S. 90). Weit gefehlt! Wer den Eingang zum unscheinbaren **Hôtel Pams** 7 (18, rue Emile Zola, Juni–Sept. tgl. 10.30–18.30, Okt.–Mai Di–So 11–17.30 Uhr) aufstößt, entdeckt ein opulentes Kleinod des Fin de Siècle. Die komplette Geschichte der Kunst in Perpignan von der Gotik über Barock bis zur Moderne erzählen die Exponate im **Musée d'Art Hycinthe Rigaud** 8 (21, rue Mailly, www.musee-rigaud.fr, Juni–Sept. tgl. 10.30–19, Okt.–Mai Di–So 11–17.30 Uhr, ab 18 J. 10 €). Welche Blüten die Kunst aktuell treibt, stellt das **Centre d'Art Contemporain àcentmètresducentredumonde –ACMCM** 9 (3, av. de Grande Bretagne, www.acentmetresducentredumonde.com, Di–Fr 14–18, Sa 10–18 Uhr, 5 €) vor. Der Name ist eine Referenz an Dalí, der den alten Bahnhof von Perpignan als Zentrum der Welt bezeichnete.

SCHLAFEN, SCHLEMMEN, SHOPPEN

Altes Haus, neues Interieur

Hôtel de la Loge 1

Das Bürgerhaus aus dem 16. Jh. eignet sich bestens für Nachtschwärmer, liegt es doch in einer der handtuchschmalen Gassen des alten Tuchmacherviertels mitten in der Altstadt. Die komfortablen 22 Zimmer bieten dennoch Ruhe, aber keinen schönen Blick.

1, rue des Fabriques d'en Nabot, T 04 68 34 41 02, www.hoteldelaloge.com, DZ €

Glamour-Design für kleines Budget

Nyx Hôtel 2

Auf halbem Weg zwischen Castillet und Bahnhof spricht das kleine Hotel mit urbanem Chic vor allem ein jüngeres Publikum an. Dekor und Farben der 17 Zimmer, die teils einen Balkon besitzen, sollen an die Nacht oder den Tag, den Mond oder die Sonne denken lassen.

PERPIGNAN

Sehenswert

1. Le Castillet
2. Place de la Loge
3. Cathédrale St-Jean
4. Campo Santo
5. Palais R. d. Majorque
6. St-Jacques
7. Hôtel Pams
8. Musée H. Rigaud
9. ACMCM

In fremden Betten

1. Hôtel de la Loge
2. Nyx Hôtel

Satt & glücklich

1. Casa Sansa
2. Le Sud
3. La Terrasse
4. Rue Paratilla

Stöbern & entdecken

1. Marché Cassanyes
2. Marché République

Wenn die Nacht beginnt

1. Rue Grande des Fabriqués
2. Av. Maréchal Leclerc

62bis, av. Général de Gaulle, T 04 68 34 87 48, www.nyxhotel.fr, DZ €–€€

Mit viel Flair

Casa Sansa ①

Der schlauchförmige, mit unzähligen Bildern und Schiffsmodellen maritim dekorierte Schankraum ist meist bis auf den letzten Platz gefüllt. Die Gäste sitzen in geselliger Enge nebeneinander und vertilgen die Klassiker der katalanischen Küche. Wer gerne Fisch mag, sollte unbedingt die *aïoli de morue* wählen: ein Filet vom Stockfisch mit einer hausgemachten Knoblauchmayonnaise und blanchiertem Gemüse. Unbedingt ein wenig Platz für die *crème catalan* oder die *tarte au citron* zum Dessert lassen!

2, rue Fabrique d'en Nadal, T 04 68 50 48 01, So, Mo geschl., Menü €–€€

Frankreichs katalanische Ecke – **Perpignan**

Auch über 350 Jahre nach dem Pyrenäenfrieden fühlen sich die Perpignanais in erster Linie als Katalanen. Diesseits der Pyrenäen ist dies aber kein Grund – zumindest bislang –, die Unabhängigkeit auszurufen. Die temperamentvolle Seele von Perpinyà erlebt, wer sich durch die Gassen der Altstadt treiben lässt. Die Kathedrale sowie der Palast über der Stadt sind steinerne Zeugnisse von Perpignans glanzvoller Epoche als Hauptstadt des mallorquinischen Königreichs.

Nur drei Schritte von der Place de la République entfernt verführt die **Rue Paratilla** 4 *mit Bazaratmosphäre. Hier finden Sie bei* **Aux Bonnes Olives** *oder im* **Maison du Jambon** *einen Happen auf die Hand oder Sie lassen sich im Bistro* **Henri & Cie** *den ›plat du jour‹ schmecken, sofern Sie einen der wenigen Plätze ergattern können.*

Das Wahrzeichen Perpignans ist **Le Castillet** 1, über dem die Flagge Kataloniens in den Farben von Blut und Gold – *sang et or* – weht. Das burgartige Stadttor wurde 1368 errichtet, um den Besitz des Hauses Aragón vor Angriffen der französischen Krone zu schützen. Sein rotes Ziegelkorsett ist typisch für die katalanische Architektur. Massive Holztüren mit großen Riegeln erinnern daran, dass im Castillet nach dem Pyrenäenfrieden 1659 die Staatsfeinde Frankreichs eingekerkert wurden. Vom Turm – 142 (!) Stufen – bietet sich eine großartige Aussicht auf Stadt und Land mit der Silhouette des Canigou am Horizont. Dort entzünden die Katalanen alljährlich das Johannisfeuer mit einer Flamme, die das Jahr über im Castillet gehütet wird.

Im Gassengewirr

Unter dem Castillet hindurch trägt der Strom der Passanten Sie automatisch zur **Place de la Loge** 2, an der sich bereits seit dem 13. Jh. das Rathaus befindet. Gleich daneben wurde 1397 die repräsentative **Loge de Mer** als Sitz des Seegerichts und der Handelsbörse errichtet. Heute informiert hinter ihren spätgotischen Spitzbögen das Tourismusbüro. Auf dem schmalen Platz brodelt das Leben, die ›Logen‹-Plätze auf seinen Café-Terrassen sind heiß begehrt. An Sommerabenden tanzen hier die Perpignanais die *sardane* – Mitmachen erlaubt!

Im **Quartier de la Loge** übten im Mittelalter die Stoffveredler, die Perpignans Reichtum begründeten, ihr Handwerk aus. 400 zählte man 1330. Heute lässt zwischen Loge und Castillet eine Vielzahl an Restaurants mittags und abends die Qual der Wahl. Wie ihre südlichen Nachbarn gehen die Perpignanais abends erst nach 20 Uhr zum Essen. Danach ist es dennoch selten zu spät für eine Einkehr in eine der Bars, etwa im Habana Bodeguita oder Le Zinc in der **Rue Grande des Fabriqués** 1.

Mediterrane Backsteingotik

Von der Place de la Loge sind es nur wenige Schritte über die **Rue St-Jean** zur **Cathédrale St-Jean** 3. Ihre schlichte, aber wuchtige Backsteinfassade wird – wie häufig im Pays Catalan zu sehen – von einem Uhrturm mit elegantem, schmiedeeisernem Glockenkäfig flankiert. König Sancho von Mallorca legte 1324 den Grundstein für die Kirche, geweiht wurde sie erst 1509, da Pest und Kriege das Bauvorhaben zum Erliegen brachten. Obwohl sie sehr viel bescheidenere Maße erhielt als urspünglich geplant, gilt der imposante einschiffige Kirchenraum als eines der schönsten Beispiele der südfranzösischen Gotik.

Rechts neben der Kathedrale entstand ab 1300 ein weitläufiger Kreuzgang, der **Campo Santo** 4, in dessen umlaufenden Galerien die reichen Familien Perpignans Gruften besaßen. Im Sommer bildet das umfriedete Rechteck den zauberhaften Rahmen für diverse Open-Air-Veranstaltungen.

Über der Altstadt

Auf einem Hügel im Süden der Altstadt thront der **Palais des Rois de Majorque** 5. Nach seiner Thronbesteigung 1276 erkor Jakob II. von Mallorca Perpignan zur Festlandresidenz seines Reichs und ordnete den Bau des Palastes an. Im 16. Jh. wurde der Königspalast vom spanischen Regenten Philipp II. mit einer riesigen sternförmigen Zitadelle ummantelt, in die nach dem Fall Katalonies an Frankreich französische Truppen einzogen. Nach fünf Jahrhunderten militärischer Nutzung steht der Königspalast samt seiner Außenanlagen heute im Dienste der Kultur.

Die schmiedeeiserne Wetterfahne in Form eines Schiffes erinnert an die Kaufleute der Stadt, die sich in der Loge de Mer versammelten und durch den Seehandel mit Stoffen und Eisen Reichtum erlangten.

KULTUR & ESSEN

Spaziergang: ca. 6 Std. mit Einkehr
Le Castillet 1: pl. de Verdun, Juni–Sept. tgl. 10.30–18, Okt.–Mai Di–So 11–17.30 Uhr, ab 26 J. 2 €
Cathédrale St-Jean 3: tgl. Juni–Sept. 9–18, Okt.–Mai 8–18 Uhr
Campo Santo 4: Juni,–Sept. tgl. 10.30–18.30, Okt.–Mai Di–So 10.30/11–17.30 Uhr
Palais des Rois de Majorque 5: rue des Archers, tgl. Jan.–März 10–17, April–Juni, 10–18, Juli–Okt. 9.30–18.30 Uhr, 7 €
Rue Paratilla 4: Delikatessen aller Art

Faltplan: G 17/18 | Cityplan S. 89

Das Fotofestival Visa pour l'Image zeigt nicht nur bemerkenswerte Dokumente des Weltgeschehens, sondern öffnet den Besuchern auch die Türen zu ausgefallenen Orten in Perpignan, etwa zum Couvent des Minimes.

Gartenrestaurant
Le Sud 2

Dem Restaurant schadet die Lage am Rand des Problemviertels St-Jacques nicht. Das Ambiente im Patio lässt an Andalusien denken, die Speisekarte lädt zu einer Reise rund ums Mittelmeer ein.

12, rue Louis-Bausil, T 04 30 44 41 82, www.restaurantlesud.fr, göffnet April–Nov. tgl. ab 19 Uhr, Hauptgericht €–€€

Tolle Aussicht
La Terrasse 3

Schon zum Frühstück lädt der Rooftop des Kaufhauses **Galeries Lafayette** zu einem tollen Blick über Perpignan ein.

1, pl. de la Résistance, T 04 68 35 26 91, Mo–Sa 11–19 Uhr, kleine Gerichte €

Perpignans Märkte
Das **Quartier St-Jacques** ist die Heimat sozialer Randgruppen: Eine große Gemeinde aus Spanien stammender Roma – ist bereits seit dem 14. Jh. hier sesshaft. Einwanderer aus dem Maghreb verschlug es nach dem Algerienkrieg in das Viertel, das den üppigsten und best sortierten Wochenmarkt der Stadt bietet. Den **Marché Cassanyes** 1 (tgl. 7.30–13.30 Uhr) schätzen daher Leute aus ganz Perpignan. Auf dem kleinen **Marché de la République** 2 (Di–So 7.30–13.30 Uhr) im Zentrum der Altstadt werden in erster Linie Lebensmittel angeboten, samstags in Bioqualität. Anlaufstelle – vom Kaffee am Morgen bis zum Apéro am Abend – ist das **Républic' Café,** kurz Rép'.

Hotspot am Abend
Nicht nur in der **Rue Grande des Fabriqués** 1 sind die Nächte bewegt. Auch in der **Avenue Maréchal Leclerc** 2 gegenüber dem Théâtre de l'Archipel finden Sie einige Clubs.

Strände
Bevorzugter Badeort der Perpignanais ist das nur 10 km entfernte **Canet-Plage** (H 17/18), eine weit auseinandergezogene Siedlung mit Apartmenthäusern am 7 km langen Strand und einem Jachthafen. Im Süden folgt **St-Cyprien-Plage** (H 18) mit 6 km Strand und ebenfalls großem Jachthafen. Zwischen den beiden Orten liegt der **Etang de Canet,** aus dem bei klarer Sicht der Canigou emporzusteigen scheint.

Infos und Termine
OT: Place de la Loge, 66000 Perpignan, T 04 68 66 30 30, www.perpignantourisme.com.

Aéroport de Perpignan Rivesaltes: 6 km nördl., www.aeroport-perpignan.com. Zubringerbusse zum Zentrum.
Gare SNCF/TGV: Bd. du Conflent. ›Dalís‹ alter Bahnhof von Perpignan hat ein hypermodernes Pendant erhalten, in dem die TGVs nach Paris und Barcelona halten. Lokalzüge nach Collioure/Portbou und Villefranche-de-Conflent.
Gare routière: Bd. St-Assiscle, vis-à-vis des Bahnhofs, www.lio-occitanie.fr.
Pkw: Ausgeschilderte Parkhäuser an den Boulevards rund um die Altstadt.
Procession de La Sanch: ▶ S. 88
Festa Major: Um den 24. Juni, mehrtägiges Stadtfest mit Umzügen, Sardane-Tänzen, katalanischen Gesängen und Entzündung des Johannisfeuers am Abend des 23. Juni.
Les Jeudis de Perpignan: Juli, Aug. jeden Donnerstagabend in der Altstadt, Straßentheater, Konzerte, Tanz.
Visa pour l'Image: Anfang Sept., www.visapourlimage.com.

In der Umgebung

Im Obstgarten des Pays Catalan

Inmitten von Weinfeldern und Obstplantagen liegt **Thuir** (🕮 F/G 18), die Hauptstadt der **Aspres.** Hier werben die Hersteller eines bekannten Aperitifs, die **Caves Byrrh** (6, bd. Viole, www.caves-byrrh.fr, freier Bresuch u. Führungen Juli, Aug. tgl. 10–11.30, 14–18, April–Juni, Sept., Okt tgl. 9.30–11.30, 14.30–17, Nov.–März Di–So 10.45 u.14.30 Uhr, 6,50 u. 8 €), mit einem riesigen Eichenfass, das sage und schreibe 1 Mio. l fasst. Einige Kilometer weiter schmiegt sich das ›*plus beau village*‹ **Castelnou** (🕮 F 18) an einen Berghang, überragt von einer 1000-jährigen Burg. Die D 48/D 2 schlängelt sich weiter durch ausgedörrte Hügel hinunter nach **Ille-sur-Têt** (🕮 F 18), das für seine Pfirsiche bekannt ist. Hier zeigt das **Hospice d'Ille** (10, rue de l'Hôpital, bis ca. Anfang 2024 wegen Renovierung geschl.) kostbare romanische und barocke Kunstwerke aus dem Roussillon. Am linken Ufer der Têt faszinieren die bizarr erodierten Sandsteinfelsen der **Orgues** (tgl. Mitte Juni–Mitte Sept. 9.15–20, April–Mitte Juni, Mitte Sept.–Mitte Okt. 9.30–19, Feb., März, Mitte Okt.–Mitte Nov. 10–18, Jan, Mitte Nov.–Mitte Dez. 14–17.30 Uhr, 5 €) mit einem Spiel aus Licht und Schatten.

> **Roussillon-Krimi**
>
> In Argelès wird eine junge Frau ermordet aufgefunden, in Perpignan verschwindet eine 21-Jährige. Beide holländische Touristinnen, beide blond. Außerdem wird ein Taxifahrer vermisst. Besteht ein Zusammenhang? Die Ermittlungen mitten im heißen Sommer führen Inspektor Gilles Sebag u. a. hinauf zur **Ermitage de Força Réal** (🕮 F 17) vor den Toren der Stadt, wo er einen gruseligen Fund macht. Das sollte Sie aber nicht abhalten, diesen atemberaubenden Belvedere anzusteuern. Weitere Einzelheiten in **Dreimal schwarzer Kater** von Philippe Georget.

Conflent 🕮 C–E 18/19

Die Region beidseitig des oberen Têt-Tals wird geprägt vom Massif du Madrès und dem majestätischen Canigou. Um das Jahr 1000 wurden in dieser von Bächen und Schluchten durchzogenen, wilden Bergregion Klöster in einer neuen, wegweisenden Bauweise errichtet. Zwei imposante Festungen markieren Mitte des 17. Jh. Frankreichs neue Südgrenze.

Architektonischer Bilderbuchbogen

Eines der schönsten Dörfer des Conflent – ja sogar Frankreichs – ist **Eus** (🕮 E 18), das in exponierter Lage am linken Ufer der Têt thront. Ähnlich reizvoll ist weiter oberhalb in den Bergen das ehemalige Grenzdorf **Mosset** (🕮 D 18). Zwei Abstecher mit schönen Ausblicken bevor man im Tal den Hauptort des Conflent

Kleinode der frühen Romanik – **Klöster am Canigou**

Am Fuß des Canigou gilt es, drei einzigartige Klöster zu entdecken. Trotz ihrer weltentrückten Lage entwickelten sie sich zu Orten der Begegnung und des Austauschs von handwerklichen Ideen und Fähigkeiten. So flirtet ihre Architektur mit Stilelementen aus der arabischen, westgotischen und italienischen Welt.

Um die Wende zum ersten Jahrtausend entstanden im Roussillon zahlreiche sakrale Bauwerke im Stil der Romanik, deren Leitmotiv der Rundbogen ist. Im Kontrast zu den klaren Linien und der strengen Regelmäßigkeit der Architektur steht der reiche und fantasievolle Skulpturenschmuck, der den Gläubigen in anschaulicher Weise die Inhalte der Bibel vermitteln sollte.

Die fantastische Lage von St-Martin-de-Canigou lässt sich am besten vom ausgeschilderten Point de Vue aus erfassen. Reizvoll ist von hier der Blick auf die Südgalerie mit dem vorgelagerten kleinen Kräutergärtchen. Fernglas einstecken!

In wildromantischer Lage

Auf einem Felssporn an der Nordseite des Canigou-Massivs ließ Guifred de Cerdagne 1007 die **Abbaye St-Martin-du-Canigou** 1 erbauen. Hier entstand erstmals im Roussillon sowohl ein Sakralbau mit Steingewölbe als auch ein Glockenturm nach lombardischem Vorbild mit Zwillingsfenstern und Zinnenkranz. Vom Weiler **Casteil** führt ein asphaltierter Fußweg teils durch schattigen Laubwald in ca. 45 Minuten zum Kloster in 1055 m Höhe, das im Rahmen einer Führung besichtigt werden kann.

Ab Casteil/Vernet-les-Bains stellt die an Kurven und Aussichten reiche D 27 die Verbindung zur 878 gegründeten **Abbaye St-Michel-de-Cuxa** 2 her. Im Tal der Lliterá ragt ihr vierstöckiger lombardische Glockenturm auf. Der mächtige Abt Oliba, ein Bruder Guifreds, ließ ab 1008 St-Michel grundlegend umbauen. Als architektonischer Prototyp gilt vor allem der Kreuzgang (Anfang 12. Jh.), dessen Marmorsäulen und reich verzierte Kapitelle allerdings Anfang des 20. Jh. an einen amerikanischen Kunsthändler verkauft wurden. Nur die Süd- und Westgalerie konnten rekonstruiert werden.

Im geheimnisvollen Halbdunkel des Kirchenraums von Serrabone wächst ein lichter Wald aus 12 Arkaden und Säulen, die die Chortribüne tragen. Kapitelle und Schauseiten der Tribüne sind kunstvoll verziert mit Löwen und Greifen, dämonischen Gestalten und geflügelten Fabelwesen – Boten aus Hölle und Himmel.

Die Bibel in Stein gemeißelt

Überhaupt ist Cuxa, so wie wir es heute sehen, das Werk einer aufwendigen Restaurierung. Nach der Revolution war die Abtei zur Ruine verfallen. Auch die herrliche Chortribüne ging unwiederbringlich verloren. Doch glücklicherweise besaß sie einen Zwilling in der **Prieuré de Serrabone** 3. Diese aus dunklem Schiefer erbaute schlichte Prioratskirche (11. Jh.), die sich in einem einsamen Tal in den Aspres verbirgt, lässt nichts von dem Juwel in ihrem Innern erahnen.

INFOS/ÖFFNUNGSZEITEN

Besuch aller drei Klöster: 1 Tag
St-Martin-du-Canigou 1: Casteil, https://stmartinducanigou.org, Führungen So 10, 12.30, 14, 15, 16 (17), Juni–Sept. Mo–Sa 10, 11, 12, 14, 15, 16, 17, Okt.–Dez., Feb.–Mai Di–Sa 10, 11, 14, 15, 16, Uhr, 8 €, 12–18 J. 6 €. Für Fußmüde Taxi-Jeep ab Vernet oder Casteil zur Abtei (T 06 50 33 95 79). Wanderer können den Besuch mit einer Tour über den Col de Llavent verbinden (ab Casteil knapp 2 Std., ab Vernet ca. 3 Std.).
St-Michel-de-Cuxa 2: Codalet, https://abbaye-cuxa.com, Mo–Sa 9.30–11.50, tgl. 14–18 (Okt.–März bis 17) Uhr, 6 €, 12–18 J. 3,50 €
Prieuré de Serrabone 3: Boule-d'Amont, www.ledepartement66.fr, tgl. Juni–Sept. 9.30–18.30, Di–So April, Mai, Okt. 10–18, Nov.–März 10–17 Uhr, 5 €

KULINARISCHES FÜR ZWISCHENDRIN

Bevor Sie die letzten Kurven hinauf zur Prioratskirche nehmen, empfiehlt sich der **Relais de Serrabonne** 1 (D 618/ D 84, April–Okt. tgl. 10.30–18.30 Uhr, kalte Platte €) für eine Picknickpause. Die Produkte stammen von den Bauernhöfen der Umgebung.

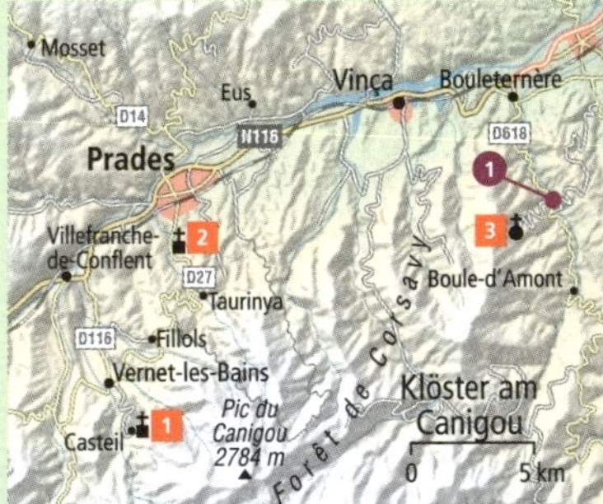

Faltplan: D 19, E 18, F 18

Von Mont-Louis fährt der Train jaune weiter durch das alpine Hochtal der Cerdagne zum Grenzort Latour-de-Carol. Besonders reizvoll ist im Sommer die Fahrt im offenen Panoramawagen.

Prades (E 18; 6100 Ew.) ansteuert. Die Dorfkirche **St-Pierre** beeindruckt den eiligen Besucher mit einem romanischen Glockenturm hiesiger Bauart. Wer sich Zeit nimmt, entdeckt in ihrem Innern ein barockes Meisterwerk des katalanischen Altarbauers Joseph Sunyer.
Außerhalb von Prades zeigt sich die **Abbaye St-Michel-de-Cuxa** (▶ S. 94) in reinster Romanik. Weiter westlich auf der N 116 rücken steil aufragende Felswände bis dicht an die Têt heran. Diese strategisch wichtige Stelle bewacht die Festungsstadt **Villefranche-de-Conflent** (▶ S. 98). Vom Engpass führt eine Stichstraße nach **Vernet-les-Bains,** dessen Quellen Rheuma und Bronchitis lindern, und weiter zum Weiler **Casteil,** wo der Aufstieg zum Kloster **St-Martin-du-Canigou** (▶ S. 94) beginnt.

Original Himmelbett
Les Perles Catalanes

Eine Nacht mit Ausblick in den Sternenhimmel können Sie am Lac de Vinça in einer teils transparenten Schlafkugel verbringen. Sie steht auf einer Holzterrasse mit gebührendem Abstand zum Nachbarn und besitzt eine eigene Hütte mit Bad, Das üppige Frühstück wird morgens auf der Terrasse serviert, auf Wunsch auch ein Tapa-Menü am Abend (€–€€).

Rue des Escoumes, Zugang über den Campingplatz, Vinça, T 06 71 97 63 16, www.lesperles catalanes.fr, 2 Pers. inkl. Frühstück €€–€€€

Eins-a-Lage
Casa Ilicia

Hinter nur scheinbar alten Steinmauern haben Nuno und Cláudia eine moderne und umweltfreundliche Wohlfühloase geschaffen. Sie vermieten vier Gästezimmer und eine Dachterrasse für Nächte unterm Sternenhimmel sowie zwei *gîtes* im Dorf. Die beiden haben jede Menge Tipps für aktive Gäste. Sie verraten auch den Weg zu warmen Quellen in den Bergen. Fußläufig gibt es im ›schönen Dorf‹ Eus gleich mehrere Einkehrmöglichkeiten.

Carrer del Moli, Eus, T 06 95 34 15 32, https://casailicia.wordpress.com, DZ inkl. Frühstück €

Souvenirs in ›sang et or‹
Manufacture du Grenat

Seit dem 17. Jh. hat die Anfertigung von Granatschmuck im Pays Catalan Tradition. Die in Gold *(or)* gefassten blutroten (*sang* = Blut) Steine haben für die Katalanen

große Symbolkraft. Einblicke in die traditionelle Herstellung erlaubt die Manufaktur. Preziosen zum Schnäppchenpreisen gibt es hier jedoch nicht.
Rond-point du Canigou, Prades, www.manufacturedugrenat.com, Di–Sa 9–12.30, 14–19 Uhr

Wandern und relaxen
Bains de St-Thomas
Nach einer Wanderung durch die **Gorges de la Carança** bei Thuès-entre-Vals oder in der **Réserve de Nyer** gibt es nicht Schöneres, als in den Außenbecken der Therme in 34–38 °C warmes Quellwasser einzutauchen. Sie können sich hier aber auch den ganzen Tag verwöhnen lassen.
Fontpédrouse, www.bains-saint-thomas.fr, tgl. 10–19.40 (Juli, Aug. bis 20.40) Uhr, 8 €

Infos und Termine
OT: 10, pl. de la République, 66500 Prades, T 04 68 05 41 02, www.tourisme-canigou.com.
Festival Pablo Casals: Ende Juli–Mitte Aug., http://prades-festival-casals.com. Der berühmte spanische Cellist Pablo Casals rief 1950 in Prades, wo er Zuflucht vor der Franco-Diktatur gefunden hatte, das angesehene Festival klassischer Musik ins Leben.

Cerdagne B/C 19/20

Westlich der Festungsstadt Mont-Louis öffnet sich die Cerdagne. Die weite, von mächtigen Bergen gesäumte Hochgebirgsebene badet mehr als 3000 Stunden im Jahr in der Sonne. Diese fängt auch der riesige Parabolspiegel des Grand Four Solaire d'Odeillo zu Versuchszwecken ein. Ganzjährig locken Klima und Natur Aktivurlauber an. Mekka des Wintersports in den Pyrénées-Orientales ist Font-Romeu, wovon die Skilifte und Bettenburgen rund um den Ort zeugen. Dagegen konnten Eyne, Llo und Err mit Bruchsteinhäusern und romanischen Kirchlein ihren traditionellen Charakter bewahren.

DER HEILIGE BERG DER KATALANEN

Über die Ebene des Roussillon erhebt sich majestätisch der **Canigou** (E 19; www.tourisme-canigou.com). Schon immer umweht seinen 2784 m hohen Gipfel eine besondere Aura. Seit die Bergpisten für Motorfahrzeuge gesperrt wurden, führt nur noch ein anstrengender Marsch hinauf. Am wenigsten schwierig ist der Aufstieg ab Fillols oder Taurinya in 5–6 Std. zum Refuge des Cortalets (T 04 68 96 36 19, http://refugedescortalets.ffcam.fr, rechtzeitig reservieren!) und von dort früh am Morgen, wenn die Fernsicht am besten ist, in 2 Std. zum Gipfelkreuz. Die Hütte darf übrigens auch mit dem E-Bike angesteuert werden. Vor dem Start unbedingt die Wetterbedingungen checken!

Von Pop bis Barock
Kunstsinn lässt sich in **Font-Romeu** (B 19; https://font-romeu.fr) wunderbar mit einem Spaziergang durch das **Musée sans Mur** verbinden. Im Kiefernwald oberhalb des ehemaligen Grand Hôtel versammelt es etwa 30 moderne Skulpturen. Der knapp einstündige Rundweg streift auch einen wichtigen Pilgerort der Pyrenäen, die **Ermitage Notre-Dame** (im Sommer tgl. geöffnet). Die hier verehrte Madonnenstatuette (12. Jh.) thront im Zentrum eines goldenen Barockaltar von Joseph Sunyer. Er gestaltete auch die hinter dem Altar gelegene bezaubernde Kammer, den sogenannten *camaril*.

In Familienhand seit 1895
Hôtel Planes
Die alte Poststation in **Saillagouse** (B 19) auf 1300 m Höhe steckt voller Geschichten und Charakter. Wählen Sie unbedingt eines der 18 Zimmer im Haupthaus, am besten ein Balkonzimmer mit Blick in die Berge! Im gepflegten Speisesaal, den allerlei Jagdtrophäen zieren, wird beste regionale Küche serviert. Die Schweinebäckchen sind fantastisch! Park und Pool in der Dependance.

Bollwerke im Conflent – **Villefranche und Mont-Louis**

Auf Geheiß Ludwigs XIV. umgab Vauban ganz Frankreich mit einem Festungsgürtel. Gleich zwei Bollwerke entstanden im Conflent, an der seinerzeit neuen Grenze zu Spanien: das Fort Liberia in Villefranche sowie Mont-Louis. Beide verbindet der Train Jaune – eine Bahnfahrt, die Sie keinesfalls versäumen sollten!

Über 500 Jahre schützte die Festungsstadt **Villefranche-de-Conflent** 1 die Grenze Aragóns vor französischen Übergriffen. Nach dem Pyrenäenfrieden 1659 wurde sie dann Teil des ›Eisernen Gürtels‹, mit dem Sébastien Le Prestre de Vauban Frankreichs Außengrenzen sicherte. Obwohl die Stadtmauern von Villefranche erhöht und mit sechs Eckbastionen verstärkt wurden, war die mittelalterliche Festung der Waffentechnik im 17. Jh. nicht mehr gewachsen. Daher ließ Vauban 1681 an der steilen Bergflanke oberhalb der Stadt zusätzlich das Fort Liberia errichten.

Doppelter Schutz

Zwei monumentale Tore, die **Porte de France** im Osten und die **Porte d'Espagne** im Westen, geben Einlass in die mittelalterliche Festungsstadt, die sich dem alltäglichen Ansturm der Touristen widerstandslos ergibt. Gepflegte mittelalterliche Häuser säumen die beiden Hauptachsen **Rue St-Jean** und **Rue St-Jacques,** in denen das Geschäft von Kunsthandwerksläden und Souvenirshops blüht.

Einen interessanten Einblick in die Militärarchitektur des 11. bis 17. Jh. vermitteln die **Remparts.** Auf den zwei übereinanderliegenden Galerien der Mauern könne Sie die Stadt in ca. einer Stunde umrunden. Ein ca. 20-minütiger Aufstieg führt von der Porte de France hinauf zum **Fort Liberia.** Ein Highlight auf dem Rückweg sind die **Mille Marches,** eine von Napoléon III. im 19. Jh. angelegte unterirdische Treppe. Es sind allerdings nicht 1000 *(mille),* sondern ›nur‹ 734 Stufen.

Der Besuch der Festungsstädte lässt sich mit einer Fahrt in dem einzigartigen **Train jaune** 1, der 2010 seinen 100. Geburtstag feierte, verbinden. In eineinviertel Stunden rumpelt die Schmalspurbahn mit maximal 55 km/h von Villefranche durch das Conflent nach Mont-Louis und muss dabei 1100 Höhenmeter überwinden. Die spektakuläre Bahntrasse führt über den 237 m langen **Viaduc de Séjourné** und den **Pont Gisclard,** der 80 m hoch über der Têt-Schlucht hängt.

Frankreichs höchste Festung

Vaubans Hauptbollwerk an der neuen französischen Südgrenze war jedoch nicht Fort Liberia, sondern das knapp 30 km entfernte **Mont-Louis** 2. Auf einem Felsplateau in 1600 m Höhe, am strategisch wichtigen Schnittpunkt der Hochtäler von Conflent, Cerdagne und Capcir, fand Vauban den Idealplatz für eine Verteidigungsanlage, die zu Ehren des Sonnenkönigs den Namen Mont-Louis erhielt. In nur zwei Jahren entstanden nach 1679 eine befestigte Stadt mit schachbrettartigem Straßenraster sowie eine **Zitadelle** für 4000 Soldaten. Von hier aus hatte das Militär die Rivalin Puigcerdà auf spanischer Seite unter Kontrolle.

Noch heute ist Mont-Louis Garnisonsstadt, denn die Zitadelle dient seit 1964 als Militärakademie. Führungen erlauben Zivilisten, einen Blick hinter die Kulissen zu werfen. Auf der Stadtbefestigung befindet sich der Parabolspiegel eines 1949 installierten **Four Solaire.** Das Prinzip dieses Solarkraftwerks und dessen Nutzung werden hier anschaulich erklärt.

Fort Liberia erstreckt sich über drei Ebenen, die durch Treppen und Wehrgänge miteinander korrespondieren.

INFOS/ÖFFNUNGSZEITEN

Besichtigung und Bahnfahrt: 1 Tag
Internet: www.sites-vauban.org
Villefranche 1**: Remparts,** 2, rue St-Jean, www.tourisme-canigou.com, tgl. Juli, Aug. 10–20, Juni, Sept. 10–19, April, Mai, Okt. 11–18, Feb., März, Nov., Dez. 13–17 Uhr, 5 €. **Fort Liberia,** www.fort-liberia.com, tgl. Juli, Aug. 9–20, Mai, Juni 10–19, Sept.–April 10–18 Uhr, 7 €, inkl. Taxi-Zubringer 11 €, 5–11 J. 4,20 € bzw. 5,50 €
Mont-Louis 2**:** www.mont-louis.net; Führungen durch die Zitadelle Juli, Aug. Mo–Sa 10, 11, 14, 15, So 10, 14, April–Juni Mo–Sa, Sept.–März Mo–Fr 11, 14 Uhr, 7 €; Four solaire Mitte April–Okt. tgl. mehrere Vorführungen.
Train jaune 1**:** Fahrplan unter https://www.ter.sncf.com/occitanie/decouvrir/le-train-jaune, Rückfahrt Villefranche–Mont-Louis um die 25 €

KULINARISCHES FÜR ZWISCHENDRIN

Bevor Sie in den Train jaune steigen, geben in der **Crêperie La Forge d'Auguste** 1 (54bis, rue St Jean, €) eine Galette oder ein Salat neue Kraft. Für unterwegs aber unbedingt Wasser und einen Snack einpacken, denn die Schmalspurbahn besitzt keinen Speisewagen. Übrigens auch keine Toiletten!

Faltplan: D 18, C 19

6, pl. de Cerdagne, Saillagouse, T 04 68 04 72 08, www.chezplanes.com, DZ €–€€ (lohnend die *soirée etape)*, Restaurant tgl. 12–14, 19.30–21 Uhr, Menü mittags €, sonst €€–€€€

❶ Infos

OT: 1, pl. du Roser, 66800 Saillagouse, T 04 68 04 15 47, www.pyrenees-cerdagne.com.

IN DER UMGEBUNG

Sommers und winters

Nördlich von Mont-Louis zeigt sich das **Capcir** (🗺 B/C 18) als Postkartenidyll mit Bächen, Almen und Kiefernwäldern. Auch hier boomt bei **Les Angels** und **Puyvallador** der Skitourismus. Wanderer finden vor allem rund um den **Lac des Bouillouses** ihr Revier. Besonders schön ist die dreistündige **Tour des Etangs,** die von der Staumauer zu den Seen am Fuß des Pic Carlit auf ca. 2000 m emporführt. Im Frühsommer blühen Enzian, Hahnenfuß und Zahnlilie, mit etwas Glück sind Mufflons zu sehen und die Pfiffe der Murmeltiere zu hören. Im **Parc Animalier des Angles** (www.faune-pyreneenne.fr, tgl. 9–17/18 Uhr, 16 €, 4–12 J. 15 €) kann man auf zwei Wanderwegen die heimischen Wildtiere in ihrem natürlichen Umfeld beobachten.

Info: www.pyrenees-catalanes.net

Céret 🗺 F/G 19

Das lebhafte Städtchen (7800 Ew.) ist bekannt für seine knackigen Kirschen, die frühesten in Frankreich, und seine temperamentvollen Feste mit katalanischen Volkstänzen und Stierkämpfen. Am Ortsrand von Céret überspannt eine alte Steinbrücke (14. Jh.) in einem einzigen Bogen von 45 m Spannweite den Tech.

Mekka des Kubismus

Anfang des 20. Jh. entdeckten Pablo Picasso, Henri Matisse, Juan Gris, Max Jacob, Marc Chagall, Joan Miró und andere Künstler Céret, lebten und arbeiteten hier einige Zeit. Schenkungen von Picasso und Matisse sowie eines lokalen Sammlers führten 1950 zur Gründung des **Musée d'Art Moderne.** Seine hochkarätige Sammlung zeigt Strömungen der Moderne vom Kubismus über den Nouveau Réalisme bis zu Supports/Surfaces sowie zeitgenössische Entwicklungen.

Viel zu schauen gibt es in Argelès-sur-Mer, wenn bei einer ›trobada‹ bunte katlanische Barken am Strand auflaufen und die Lateinersegel aufgetucht werden.

8, bd. du Maréchal Joffre, www.musee-ceret.com, Juli, Aug. tgl. 10–19, Sept.–Juni Di–So 10–18 Uhr, ab 18 J. 10 €

Idyllisches Landhaus am Tech

Le Mas Trilles

Weit und breit die schönste Unterkunft finden Sie in dieser qualitätvoll restaurierten Hofanlage außerhalb von Céret. Ihr weitläufiger Garten mit lauschigen Sitzecken und Pool reicht bis ans Flussufer. Auf eine eigene Terrasse kann man daher gut und gerne verzichten und eines der preiswerteren Zimmer buchen.

Le Pont de Reynes, westl. von Céret, T 04 68 87 38 37, www.le-mas-trilles.com, DZ €–€€

Infos und Termine

OT: 5, rue St-Ferréol, 66400 Céret, T 04 68 87 00 53, www.vallespir-tourisme.fr.
La Fête de la Cérise et Céret de Bandas: Ende Mai. Fest der Kirschen und der Musikkapellen.
Céret de Toros: Mitte Juli, www.ceret-de-toros.com. Corridas und Straßenfest.
Le Festival de Sardane: Ende Juli. Volkstanzfestival, Hunderte Teilnehmer.

In der Umgebung

Waldreiches Grenztal

Parallel zum Tech schlängelt sich die D 115 durch das **Vallespir** hinauf zur französisch-spanischen Grenze. Kurz nach Céret passiert sie **Amélie-les-Bains** (🕮 F 19), ein etwas bieder wirkender Kurort mit vielen Hotels. Im früheren Industriestädtchen **Arles-sur-Tech** (🕮 F 19) lohnt die Benediktinerabtei **Ste-Marie** mit ihrem prächtigen gotischen Kreuzgang einen Besuch.
Aus dem Tal klettert die D 3 hinauf nach **St-Laurent-de-Cerdans** (🕮 F 20), wo von ehemals einem Dutzend Manufakturen nur noch eine katalanische Stoffschuhe herstellt. Bei **Création Catalane** (chemin du Baynat d'en Pouly, www.espadrille-catalane.com) finden Sie sicherlich ein Paar *espadrilles* oder *vigatanes* nach Ihrem Geschmack. Den Baumwollstoff für die sommerlichen Treter fertigen nur wenige Schritte weiter seit 1873 die **Toiles du Soleil** (av. Jean Jaures, www.toiles-du-soleil.com). Die Boutique verkauft neben farbenfroh gestreifter Meterware auch Bezüge, Tischwäsche, Taschen und allerlei hübsche Artikel aus Stoff.
Letzter Ort an der D 115 vor der Grenze am **Col d'Arès** ist **Prats-de-Mollo** (🕮 E 20), das mit einer Kirche und dem von Vauban geplanten **Fort Lagarde** beeindruckt. Die Thermalquellen im 8 km entfernten **La Preste** sollen u. a. rheumatische Erkrankungen lindern.

Ausgezeichneter Dorfgasthof

Le Bellevue

Patricia Visellach sorgt im Hotel und Restaurant Bellavista für einen perfekten Service, während ihr Mann Denis in der Küche regionale Gerichte von ausgezeichneter Qualität zaubert. Die 17 Zimmer, einige mit kleinem Balkon, zeigen sich in modernem Design. Die begrünte Terrasse hinter dem Haus lädt zu einem Sonnenbad ein.

Pl. du Foirail, Prats de Mollo la Preste, T 04 68 39 72 48, www.hotel-le-bellevue.fr, DZ inkl. Frühstück €, Restaurant Do–So, Menü €€–€€€

Termine

Procession de la Sanch: Karfreitag abends in Arles-sur-Tech.
Fête de l'Ours: Feb., www.fetesdelours.com. Die Jagd auf den ›Bären‹ in den Dörfern des Vallespir zählt seit 2022 zum immateriellen UNESCO-Welterbe.

Argelès-sur-Mer

🕮 H 19

Das lebhafte katalanische Landstädtchen (10 700 Ew.) am Fuße der Albères-Berge lebt vom Weinbau und natürlich vom Tourismus. 200 000 Gäste kommen jährlich nach Argelès-Plage, das dennoch eine familiäre Atmosphäre bewahren konnte. Hier mündet die Sandküste Okzitaniens in die felsige Côte Vermeille. Mit etwa 60 Terrains ist Argelès die Cam-

ping-Hochburg an der französischen Mittelmeerküste.

Blau wie das Meer

Le Fanal

Sympathisches kleines Hotel in zweiter Reihe am Racou-Strand, dem schönsten und familiärsten von Argelès gleich unterhalb der Felsenküste. 14 freundlich eingerichtete Zimmer in Blautönen und Weiß. Natürlich sind die Balkonzimmer immer am schnellsten ausgebucht. Im Erdgeschoss befindet sich das hauseigene **Restaurant** (€–€€).

50, av. Torre d'en Sorre, T 04 68 81 00 16, www.hotel-lefanal.fr, April–Okt., DZ ab 75 €

Strände

Am Fuß der Pyrenäen erstrecken sich auf 7 km feine Sandstrände: **Plages du Nord, Plage des Pins, Plage du Sud** und am Anfang der Felsenküste **Le Racou.** Zur Abwechslung tragen vielfältige Wassersportangebote bei.

Infos

OT: Pl. de l'Europe, 66700 Argelès-Plage, T 04 68 81 15 85, www.argeles-sur-mer.com. Wanderer erhalten hier einen Führer mit Touren im Forêt de la Massane.

Mit acht kurzen, langsamen Schritten im Wechsel mit 16 langen, schnellen Schritten – Sinnbild von Nacht und Tag – bewegen sich die Tänzer der *sardane* einander an den Hände haltend im Kreis. Das Tempo gibt die *cobla* vor, ein aus zwölf Instrumenten bestehendes Orchester. Im Sommer finden sich die Menschen auch oft spontan auf den Dorf- und Stadtplätzen im Pays Catalan zu diesem Reigentanz zusammen. Es ist ganz einfach, reihen Sie sich ein! Das Franco-Regime verbot den Volkstanz wie alle anderen Symbole einer regionalen Identität. Die Katalanen tanzten daraufhin umso entschlossener im Kreis.

In der Umgebung

Perle der Romanik

Schon von Weitem weckt **Elne** (H 18) mit dem massigen Glockenturm von **Ste-Eulalie** das Interesse. Das Gotteshaus erinnert daran, dass Elne ab dem 6. Jh. über einen Zeitraum von 1000 Jahren Bischofssitz war. Ein absolutes Muss für Freunde der Romanik ist der vollkommen erhaltene Kreuzgang. Die kunstvoll gearbeiteten, mit Pflanzen- und Tiermotiven sowie Bibelszenen ausgestalteten Kapitelle sind ein beeindruckendes Zeugnis des Stilwandels, den die Bildhauerkunst zwischen dem 12. und 14. Jh. vollzog.

Pl. de l'Eglise, www.ville-elne.fr, Mai–Sept. tgl. 9.30–19, April tgl., Okt.–März Di–So 9.30–18 Uhr, ab 10 J. 4,50 €

Collioure H 19

Tief im Süden liegt das mit Abstand schönste Küstendorf der Région Occitanie (2100 Ew.). Die malerische Kulisse mit Fort und Wehrkirche, mit den engen Gassen der Altstadt und den bunten katalanischen Barken vor dem glitzernden Blau des Meeres mobilisiert die Touristen in Scharen. Wer es einrichten kann, sollte in der stilleren Jahreszeit kommen. Denn dann ist am ehesten die Faszination nachzuvollziehen, die das Fischer- und Bauerndorf Anfang des 20. Jh. auf berühmte Maler wie Matisse und Derain ausübte. Die Arbeiten dieser sogenannten ›Wilden‹ zeigt der Chemin du Fauvisme am Fuß des Château Royal.

Gut bewacht

In der Bucht von Collioure errichteten die Könige von Mallorca ihre Sommerresidenz (1276–1344). Nach dem Pyrenäenfrieden (1659), durch den Collioure an die fran-

Am nördlichen Zipfel der Bucht von Collioure steht die Pfarrkirche Notre-Dame-des-Anges (1648–91) mit den Füßen fast im Wasser. Der rund gemauerte Glockenturm mit der markanten rosa Haube stammt noch aus dem Mittelalter und diente urspünglich als Leuchtturm des alten Hafens.

zösische Krone fiel, baute Festungsbaumeister Vauban das ehemalige **Château Royal** (Juli, Aug. 9.30–18.30, April–Juni, Sept., Okt. 10–18, Nov.–März 10–17 Uhr, ab 18 J. 7 €) als Bastion aus. Nach 1939 wurde es als Gefängnis für Geflohene des Franco-Regimes genutzt. Heute finden hinter den imposanten Mauern diverse Kulturveranstaltungen statt.

In einem gut 30-minütigen Anstieg, der am **Musée d'Art Moderne** (4, rte. de Port-Vendres, tgl. 10–12, 14–18 Uhr, Okt.–Mai Di geschl., 3 €) beginnt und an der **Moulin à Huile** (April–Sept. So, Mi 10–12 Uhr) vorbeiführt, ist **Fort St-Elme** (Zufahrt ab Port-Vendres, www.fortsaintelme.fr) zu erreichen. Aufgrund der strategisch wichtigen Position stand die Festung, deren Ursprung auf das 9 Jh. zurückgeht, oft im Mittelpunkt von Grenzstreitigkeiten. Obwohl sie bis auf Weiteres nicht zugänglich ist, lohnt ein Besuch wegen des 360°-Panoramas.

Alles im Blick

Villa Miranda

Vier großzügige Gästezimmer in einer Villa aus den 1930er-Jahren oberhalb der Bucht von Collioure. Die Panoramaterrasse ist der Hit. Céline und Jean-Michel erweisen sich als exzellente Gastgeber. Eine Treppe führt vom Garten mit alten Pinien hinunter ins Ortszentrum.

15, rte. du Pla de les Forques, T 04 68 98 03 79, http://villamiranda.fr, kostenlose Parkplätze, DZ inkl. Frühstück €€

Eine Institution

Les Templiers

Anfang des 20. Jh. bewirtete Familie Pous die Maler, die nach Collioure kamen, und René Pous wurde zum leidenschaftlichen Kunstsammler. Im urigen Schankraum hängen dicht an dicht Werke von Matisse, Picasso, Dufy … – natürlich keine Originale! Die Gemäldegalerie setzt sich in den Fluren des Hotels fort. Die Zimmer sind teils ein wenig altbacken und recht laut. Zum Essen lockt die große Terrasse am Kai mit Blick auf das Château Royal, abends ist die Bar ein beliebter Treffpunkt.

12, quai de l'Amirauté, T 04 68 98 31 10, http://hotel-templiers.com, DZ €, Restaurant tgl. 8–1.30 Uhr, Menü €–€€

Sinfonie aus Licht und Farbe – **Côte Vermeille**

Tief im Süden liegt eine der schönsten Küsten Frankreichs. Schmale Buchten schmiegen sich an steile Felsklippen, die zwischen dem Blau des Himmels und des Meeres einen rostroten Trennstrich ziehen. Weinfelder, Korkeichen und Pinien setzen Akzente in Grün, während die Küstenstädtchen in Pastelltönen schimmern.

Am westlichen Rand von Collioure schwingt sich die **Route des Crêtes** (D 86) empor Richtung Tour de Madeloc. Die steilen Schieferhänge sind durch Trockenmauern in Terrassen gestuft, auf denen die Appellationsweine von Collioure und Banyuls reifen. Zwischen den kultivierten Parzellen wuchert Buschwerk, gruppieren sich Korkeichen und Pinien zu kleinen Wäldchen.

Alles im Blick

Nach ca. 3 km Fahrt zweigt links ein Weg zur **Ermitage Notre-Dame-de-Consolation** 1 ab, die ein beliebtes Wanderziel ab Collioure ist. Die **Route des Crêtes** schraubt sich weiter aufwärts durch zunehmend schroffere Landschaft zum **Col de Mollo** (231 m). Kurze Zeit später passiert die Straße eine Orientierungstafel und die Ruine einer Kaserne aus dem 19. Jh. Hier bleibt das Auto stehen und weiter geht es zu Fuß in ca. 90 Minuten zur **Tour Madeloc** 1 und zurück. Sie gehörte zu einem Netz von Signaltürmen *(tours de guet)*, die Jakob II. von Mallorca zur Sicherung seines Königreichs errichten ließ.

Nein, hier handelt es sich nicht um ein Trauben-Spa für müde Beine. Beim Weinlesefest dürfen Kinder wie anno dazumal Trauben keltern. Einblicke in den Weinbau an der Felsküste gibt der **Cellier des Templiers** *am oberen Ortsrand von Banyuls. Ein 15-minütiger Film lüftet die Geheimnisse des natursüßen Banyuls. Die Führung ist zwar gratis, aber die abschließende Verkostung verlässt kaum jemand ohne ein Fläschchen für den heimischen Weinkeller.*

Eine explosive Idylle

Durch Terrassen mit Rebstöcken stößt die Straße hinab nach **Banyuls,** das für den berühmten Süßwein namensgebend ist. An der palmengesäumten Uferstraße mit sichelförmigem Strand und Jachthafen umwirbt der Ort die Sommerurlauber.

Auf der **Route de la Corniche** nach Norden kommt bald ein Hinweis zur **Anse de Paulilles.** Lange Zeit war diese idyllische Bucht eine No-go-

Von der Route des Crêtes ergeben sich immer wieder spektakuläre Blicke: tief unten das blaue Meer und die roten Dächer von Collioure.

Area; hier wurde bis 1984 Dynamit produziert. Heute ist das ehemalige Fabrikgelände mit seinen drei Stränden ein beliebtes Ausflugsziel. Die **Maison du Site de Paulilles** ② informiert über die Ortsgeschichte. In einer kleinen Werft werden original katalanische Fischerboote restauriert.

Nach dem Bad ist schnell **Port-Vendres** erreicht. Ein kurzer Bummel führt über die quirlige Promenade entlang der großen Marina im Ortskern. Am Ende der Rundfahrt ergeben sich letzte Insta-Blicke, doch es fehlt die Parkmöglichkeit fürs Selfie mit Collioure als wunderschöner Kulisse.

INFOS/ÖFFNUNGSZEITEN

Rundfahrt: 1 Tag inkl. Wanderung/Bad
Ausrüstung: festes Schuhwerk und Badesachen
Cellier des Templiers 1: Rte. du Mas Reig, Banyuls, www.terresdestempliers.fr, April–Okt. tgl. 10–19.30, Nov.–März Mo–Sa 10–13, 14.30–18.30 Uhr
Maison du Site de Paulilles ②: www.ledepartement66.fr/dossier/le-site-classe-de-lanse-de-paulilles-2

KULINARISCHES FÜR ZWISCHENDRIN

Nirgendwo sind Fisch und Meeresfrüchte so frisch wie in der **Bar à Huîtres** der **Poissonnéries de la Côte Catalane** ① (www.cotecatalane.com, Di–Sa 11–15, 18–21 So 11–15 Uhr) im Fischereihafen von Port-Vendres. In der Markthalle im Erdgeschoss können Sie aber auch für ein Picknick in der Anse de Paulilles einen Korb mit Delikatessen aus dem Meer füllen.

KÜSTENWANDERUNG

Der **Sentier du littoral** erlaubt es, die gesamte Küste zu erwandern. Ein sehr schönes Wegstück führt von Port-Vendres über das aussichtsreiche **Cap Béar** ③ zur Anse de Paulilles (ca. 10,5 km, 4 Std.). Buslinie 540 bringt müde Beine zurück zum Startpunkt (Businfo: www.lio-occitanie.fr).

Faltplan: H/J 19

Wenn es an der Côte Vermeille grau und stürmisch wird, gehört die Bucht von Collioure allein den Wellenreitern.

Wein

In der Altstadt bitten die Probierstuben einiger *domaines* zu Verkostung und Verkauf des natursüßen Banyuls sowie der Weine (meist rot) der Appellation Collioure. Eine gute Auswahl finden Sie auch bei der Winzervereinigung von Collioure im **Cellier Dominicain** (pl. Orphila, https://cellierdominicain.com, Mo–Fr 9–12.30, 13.30–18.45, So 10–13, 15–18.45 Uhr).

FISCHKONSERVEN

Ein kleiner Fisch ist seit jeher der Stolz der Colliourencs und gab früher dem halben Ort ein Auskommen: die Sardelle. Die *anchois* wurden traditionell mit kleinen Barken nachts im Schein von Lampen gefangen und dann eingelegt. Heute stellen noch zwei Häuser die feinen Fischkonserven her: **Anchois Roque** (www.anchois-roque.com) und **Anchois Desclaux** (www.anchoisdesclaux.com), beide nahe dem Ortszentrum an der Route d'Argelès.

Strände

Mehrere kleine Sand-Kies-Strände im Ort sowie in den Buchten der Felsenküste außerhalb von Collioure.

Infos und Termine

OT: Pl. du 18 Juin, 66190 Collioure, T 04 68 82 15 47, www.collioure.com. U. a. Wanderinfos für die Côte Vermeille.
Bahn/Bus: Mehrmals tgl. nach Perpignan und zum Grenzbahnhof Cerbère.
Pkw: Kostenpflichtige Parkplätze am Quai de l'Amirauté/Glacier (im Sommer überfüllt); außerhalb an der Route du Pla de las Fourques beim Fort Miradoux (ca. 10 Min. Fußweg) und am Cap Dourats (2 km, Mai–Sept. Pendelbusse gratis).
Procession de la Sanch: Karfreitag ab 21 Uhr durch die Altstadt.
Fête de la St-Vincent: 14.–18. Aug. Stadtfest mit Tanz und Musik, am 16. Aug. abends spektakuläres Feuerwerk.

Banyuls

J 19

Das Küstenstädtchen (4600 Einw.) liegt geschützt in einer weit geschwungenen Bucht zwischen Cap

Oullestreil und Cap l'Abeille. Vom Ortszentrum am Hafen klettern seine Häuser weit den Taleinschnitt empor. Auf den umliegenden Terrassen gedeihen die Trauben, aus denen der berühmte natursüße rote Banyuls-Wein gekeltert wird.

Schöne Frauenkörper

Frauenskulpturen mit üppigen Rundungen, die verschiedene Plätze im Pays Catalan zieren, sind das Markenzeichen von Aristide Maillol (1861–1944). Jedes Jahr verbrachte der Bildhauer und Maler mehrere Monate in seiner Heimatstadt Banyuls. In der **Métairie de Maillol,** seinem Sommerhaus im Vallée de la Roume am oberen Ortsrand, sind ca. 30 seiner Arbeiten zu sehen. Im Garten fand der Künstler unter dem Sockel der »Méditerranée« seine letzte Ruhe.

Rte. des Mas, https://museemaillol.com/musee-maillol-de-banuyls-sur-mer, Di–So 10–12, 15–19 Uhr, 7 €

Im Wasser und an Land

Das glasklare, tiefe und fischreiche Wasser direkt vor der Küste von Banyuls führte bereits 1881 zur Einrichtung des **Laboratoire Aragon,** eines wichtigen Forschungszentrums für Meeresbiologie. Angeschlossen ist das **Biodiversarium** mit einem **Aquarium** am Hafen und dem **Jardin méditerranéen** auf dem Mas de la Serre. Ein Besuch beider Einrichtungen macht sowohl mit der Unterwasserwelt im Golfe du Lion als auch mit der Flora an seinen Ufern bekannt.

1, av. Pierre Fabre, www.biodiversarium.fr, aktuelle Öffnungszeiten im Internet abfragen

Weinbar in zweiter Reihe

El Xadic del Mar

Wer vermisst schon den Meerblick, wenn Essen und Trinken die Sinne beansprucht. Manu, der Patron, ist ein Verfechter der authentischen Küche und intimer Kenner der hiesigen Weingüter. Die Bar, die mir Jean-Clair von Aléoutes Kayak Mer empfohlen hat, erinnert an das Restaurant des Hobbydetektivs Perez in den Banyuls-Krimis. Und tatsächlich holte sich Werner Köhler, alias Yann Sola, hier Inspiration.

11, av. du Puig-del-Mas, Banyuls, T 04 68 88 89 20, Öffnungszeiten unregelmäßig, Gerichte ab €

Ferien pur

Clos de Paulilles

Ein traumhafter Platz mitten in den Weinfeldern und dennoch keine 50 m vom Strand entfernt. Der Gesang der Zikaden und das Meeresrauschen bilden die perfekte Hintergrundmusik beim Essen. Das moderne Design von Terrasse und Saal lenkt nicht von der Natur rundum ab. Auf der Karte nur eine kleine Auswahl an Vorspeisen und Hauptgerichten: Alles wird frisch zubereitet und stammt aus lokalem Anbau. Die Weine kommen von der hauseigenen Domaine de Cazes.

Baie de Paulilles, Port-Vendres, T 06 31 93 06 24, www.lesclosdepaulilles.com, April–Okt. tgl. mittags, Fr, Sa abends, Menü €€–€€€

IN DER UMGEBUNG

Blaue Impressionen

Über die **Route de la Corniche** sind es nur 10 km bis zum Grenzort **Cerbère** (🕮 J 19), aber die haben es in sich. Selbst bei wenig Verkehr erlauben die unzähligen Kurven kein hohes Tempo, geben aber dem Beifahrer genügend Zeit zum Schauen. In aller Ruhe genießt auch der Fahrer das Küstenpanorama vom **Cap Réderis** aus: Die Sicht reicht hier bis zum Cabo de Creu in Spanien.

Vor der Küste wurde 1974 die 650 ha große **Réserve Marine de Cerbère-Banyuls** geschaffen, die ein Eldorado für Unterwassersportler darstellt. Eine Taucherbrille genügt, um überall die reiche Meeresfauna an der Felsenküste zu beobachten. An der **Plage de Peyrefite** erklärt der *sentier sous-marin* das vielfältige Ökosystem. Die Ausrüstung zum Schnorcheln kann man hier im Juli und August auch leihen. In der Hochsaison verscheuchen allerdings zu viele Besucher die Fische. Vom Wasser aus kann man die Küste ab Banyuls auf einer geführten Paddeltour mit **Aléoutes Kayak Mer** (T 04 68 88 34 25, https://kayakmer.net) erkunden. Eine Schnorchelpause ist dabei vorgesehen.

Hin & weg

Anreise

Mit dem Flugzeug

Das Angebot wechselt jährlich. 2023 flogen ganzjährig EasyJet von Basel/Mülhausen sowie im Sommer transavia von Berlin und Eurowings von Frankfurt nach Montpellier, RyanAir von Düsseldorf/Weeze nach Béziers. Außerdem Direktflüge von Deutschland nach Marseille und Toulouse, teils mit Lufthansa.

Mit Bahn oder Bus

TGV: Mehrmals täglich verkehrt der TGV zwischen Paris (Gare de Lyon) und dem Süden (Nîmes 3 Std./Perpignan 5 Std.). Auch von Brüssel via Lille und von Luxemburg, Metz und Straßburg bestehen TGV-Verbindungen ins Languedoc.
Fernbus: Wer viel Zeit und Geduld hat, fährt mit Flixbus.

Mit dem Auto

Maut: Die Benutzung der französischen Autobahnen ist gebührenpflichtig *(péage)*, ermöglicht aber das schnellste Vorankommen. Die Fahrt in den Süden kostet knapp 60 €. Die Gebühr ist an Automaten per Bargeld zu entrichten. Schneller geht es meist per Kartenzahlung (CB), Pineingabe nicht erforderlich.
Strecke: Eine landschaftlich reizvolle Alternative zur A 9 durchs Rhône-Tal stellt die A 75 (Clermont-Ferrand – Béziers) dar, die über den spektakulären Viaduc de Millau führt. Man erreicht sie über Paris oder von Lyon aus.
Staugefahr: Die gebührenfreien Autobahnabschnitte (Toul – Luxemburg, Lyon), aber auch die A 9 im Rhône-Tal sind immer stark frequentiert. Meiden sollten Sie die Wochenenden in der Ferienzeit (Juli/Aug.) sowie das Umfeld von Feiertagen (1. Mai, 8. Mai, Christi Himmelfahrt, 14. Juli, 15 Aug., 1. Nov.).
Umweltzonen: Immer mehr Gebiete sind betroffen. Bestellen Sie rechtzeitig eine Plakette unter www.certificat-air.gouv.fr (4,61 € inkl. Porto).

Einreise- und Zollbestimmungen

Ausweispapiere: EU-Bürger und Schweizer – auch minderjährige Reisende – benötigen Personalausweis bzw. Identitätskarte.
Zollbestimmungen: Waren zum persönlichen Gebrauch (bis zu 800 Zigaretten, 90 l Wein, 10 l Spirituosen) können EU-Bürger zollfrei mitführen. Für Schweizer Bürger gelten folgende Grenzen: 250 Zigaretten, 5 l Wein und 1 l Spirituosen mit über 18 % Alkohol.

Informationsquellen

www.france.fr/de: Online beantwortet das Französische Fremdenverkehrsamt alle reisepraktischen Fragen und stellt Links zu den Regionen her.
www.visit-occitanie.com/de: Das regionale Fremdenverkehrsamt stellt die gesamte Region Occitanie vor und ist Begleiter in allen touristischen Fragen.
www.laregion.fr: Die offizielle Website der Region Occitanie wendet sich in erster Linie an die Bevölkerung, aber auch Touristen finden hier viel Wissenswertes sowie Aktuelles aus Wirtschaft und Politik (nur Französisch).
www.audetourisme.com: Tourismusportal des Département Aude. Infos über Narbonne, die Küste, Carcassonne, Canal du Midi, Corbières und Katharerburgen (Französisch, Englisch).
www.tourismegard.com: Tourismusportal des Gard. Infos über Nîmes, Uzès, Pont du Gard, Rhône-Tal, Camargue Gardoise, Cevennen (Französisch).
www.destination-languedoc.de: Tourismusportal Hérault. Infos über Montpellier, Béziers, Sète, Etang de Thau und die Küste, Hérault-Tal, Haut-Languedoc, Minervois.
www.tourismus-mittelmeer pyrenaen.de: Tourismusportal der Pyrénées Orientales (kurz: PO) bzw. des Pays Catalan. Infos über Perpignan, Collioure, Côte Vermeille und Ost-Pyrenäen mit Cerdagne, Conflent, Vallespir, Capcir.

KLIMA UND REISEZEIT

Laut Statistik scheint an der Küste des Languedoc an 300 Tagen im Jahr die Sonne. Doch insbesondere im bergigen Hinterland sind Regentage auch im Sommer keine Seltenheit. Sehr heiß wird es überall im Juli und August. Selbst die sonst kühlen Winde Mistral bzw. Tramontane bringen dann kaum Erfrischung. Der Herbst ist die Periode der Stürme sowie plötzlicher, äußerst heftiger Regenfälle – Überschwemmungsgefahr inklusive. Mit durchschnittlich 13 °C gibt sich der Winter an der Küste zwar mild, aber längere Regenperioden sind keineswegs ungewöhnlich.
Wer nicht an die Schulferien gebunden ist, sollte für **Juli und August** keinen Urlaub am Meer planen: Die Strände sind überlaufen, die Unterkünfte oft ausgebucht und überteuert. Wenngleich in diesen Monaten auch im Hinterland die touristischen Attraktionen stark frequentiert werden, so ist es möglich, im Haut-Languedoc, in den Corbières und in den Pyrenäen abseits der Touristenpfade einen ruhigen und naturnahen Urlaub zu verbringen.
Die schönsten Reisemonate sind **Mai, Juni** und **September:** Die Temperaturen sind moderat, das Meer erreicht im Mai Badetemperatur und hält diese bis in den Oktober, die touristische Infrastruktur ist voll funktionsfähig, Sehenswürdigkeiten und Strände sind nicht überlaufen. Selbst im **März/April** und **Oktober/November** sind die Wetterbedingungen oft ideal für Wanderungen und Radtouren.
Von **Allerheiligen bis Ostern** verwaisen die Badeorte, viele touristische Einrichtungen sind außerhalb der Städte nur eingeschränkt geöffnet oder komplett geschlossen.

SPORT & AKTIVITÄTEN

Baden

An dem 180 km langen Küstenabschnitt zwischen der Camargue und der Côte Vermeille reiht sich **Sandstrand** an Sandstrand. Augedehnte unbebaute Strandabschnitte finden Sie an der Pointe de l'Espiguette, auf den Lidos bei Maguelone und Sète sowie bei Valras, Gruissan und Canet. An der Côte Vermeille, am Fuß der Pyrenäen, laden kleine Buchten mit Sand-Kies-Stränden zum Baden ein.
Die **Wasserqualität** wird in der Saison regelmäßig überprüft. Über die Ergebnisse informieren Fremdenverkehrsbüros oder Hafenmeistereien. Beanstandungen gab es in den vergangenen Jahren selten. In den Sommermonaten sind weite Strandabschnitte **überwacht.** Grüne Flagge bedeutet ›Baden ungefährlich‹, gelb ›Baden gefährlich‹, rot ›Baden verboten‹. Alle Badeorte bieten ein breit gefächertes Sport- und Freizeitangebot für alle Altersgruppen.

Bootsurlaub

Der Canal du Midi, der Canal du Rhône-à-Sète und der Canal de la Robine stehen Freizeitkapitänen zur Verfügung. Bei der gemächlichen Fahrt mit einem Hausboot kommt der Kreislauf immer dann in Schwung, wenn eine der zahlreichen Schleusen zu passieren ist. Über einen Bootsurlaub informiert www.visit-occitanie.com/de (Stichwort: Hobbys/Wanderungen/Auf einem Boot).

Kanu, Kajak, Canyoning

An Gardon, Hérault, Orb und Aude sowie an den Kanälen in der Camargue werden vom Frühjahr bis in den Herbst an vielen Stellen **Kanus und Kajaks** vermietet. Zur Ausrüstung gehören neben Boot und Paddel eine Schwimmweste, ggf. eine Routenskizze sowie wasserdichte Behälter für Proviant. In der Bootsmiete ist der Rücktransport zumStartpunkt enthalten. Mai und Juni sind die besten Monate für Touren. Im Sommer und Frühherbst führen die Flüsse oft zu wenig Wasser, können aber auch nach Gewittern blitzschnell zu reißenden Wildwassern anschwellen. Bei gefährlich hohem Wasserstand wird der Bootsverleih eingestellt.
Rafting-Touren werden auf wilderen Gewässerabschnitten angeboten. Die Schluchten in den Pyrénées Orientales

eignen sich bestens für das adrenalinsteigernde **Canyoning**, das Elemente von Klettern, Schwimmen und Tauchen verbindet. Info u. a. www.canoe-france.com, www.eaurizon.eu.

Klettern

Das zerklüftete Relief der Cevennenausläufer ist ein Paradies für Kletterbegeisterte. Über Kletterspots sowie über Veranstalter informiert außer den Fremdenverkehrsämtern die Fédération Française de la Montagne et de l'Escalade (www.ffme.fr).

Radfahren

Stets sind auf den Straßen Südfrankreichs viele Radsportbegeisterte unterwegs. Für die private Tour de France empfehlen sich die weniger befahrenen Nebenstraßen und befestigten Feldwege sowie die ehemaligen Treidelpfade an den Kanälen. Das Netz der Radwege, der sogenannten *voies vertes*, wächst ständig (Infos: www.af3v.org). Gute Wegbegleiter für Radfahrer sind die IGN-Karten im Maßstab 1:100 000. Rennräder, Mountainbikes *(vélo tout terrain – VTT)* und E-Bikes gibt es vielerorts zu mieten.

Reiten

1200 km markierte Reitwege, u. a. der *transéquestre*, ermöglichen die Erkundung der Region zu Pferd. An der Küste und im Hinterland organisieren die *centres equestres* Ausritte von einigen Stunden bis zu mehreren Tagen. Auf den Reiterhöfen in der Camargue werden sogar die Reittechniken der *gardians* (Viehhirten) vermittelt. Tipps gibt www.terre-equestre.com.

Segeln

Wetterbedingungen mit viel Wind und Sonne machen das Languedoc zum Eldorado für Segler. Regelmäßig werden vor der Küste und auf dem Etang de Thau Segelwettbewerbe ausgetragen. Am Meer, den Etangs und den Seen im Hinterland gibt es zahlreiche Vercharterer, Segelschulen und Segelclubs. Die Jüngeren üben sich zunächst auf Optimisten. Ältere Kinder und Erwachsene werden auf Jollen und Katamaranen geschult oder lernen, eine Jacht zu manövrieren. Info: www.ffvoileoccitanie.net.

Speläologie

Einige Outdoor-Veranstalter bieten unter dem Stichwort *spéléo* den Einstieg

SICHERHEIT UND NOTFÄLLE

Beim Stadtbummel, auf Märkten oder bei Veranstaltungen sind die üblichen Vorsichtsmaßnahmen gegen Taschendiebe zu beachten.
Autoaufbrüche *(vol à la roulotte)* sind durchaus ein Problem. Daher gilt selbst für eine kurze Pause: Das Fahrzeug absperren, Fenster und Schiebedach schließen, keine Wertgegenstände sichtbar liegen lassen. Nachts sowie an einsamen Wanderparkplätzen nichts im Wagen zurücklassen! Am besten gewährt man freie Einsicht in den leeren Kofferraum. Eine sichtbare Wegfahrsperre empfiehlt sich, um potentielle Autoknacker abzuschrecken.
Wer bei seiner Versicherung eine Schadensregulierung beantragen möchte, muss Autoaufbrüche und Diebstähle bei der Gendarmerie zu Protokoll geben.

Wichtige Notrufnummern
Europaweiter Notruf: T 112, in Frankreich auch per SMS unter T 114
Pannendienst ADAC: T +49 89 22 22 22
Kartensperre: T +49 116 116, www.sperr-notruf.de (Ausweis, Bank, Telefon)
Diplomatische Vertretungen: Deutschland, T 06 11 76 22 55,https://allemagneenfrance.diplo.de; Österreich, T +43 19 01 15 44 11, www.bmeia.gv.at; Schweiz, T +41 584 65 33 33, www.eda.admin.ch

in nicht öffentlich zugängliche Höhlen an. Listen der Veranstalter halten die Fremdenverkehrsämter bereit, kompetenter Ansprechpartner ist die Fédération Française de Spéléologie (http://ffspeleo.fr).

Stand Up Paddling
Viele Surf- und Kitezentren an der Küste ebenso wie Boots- und Kanuverleiher an Flüssen und Kanälen oder in Häfen haben **Stand up Paddling** im Programm.

Wind-, Kite- und Wingsurfen,
Insbesondere die Etangs eignen sich hervorragend für die ersten Surfversuche. Der Etang de Mateille bei Gruissan ist ausschließlich **Surfern** vorbehalten. Fortgeschrittene kommen in Narbonne-Plage und Gruissan am Fuß der Montagne de la Clape, in Leucate, Port-Barcarès oder Argelès auf ihre Kosten. Aber Achtung! Die teils starken ablandigen Winde können auch erfahrenen Surfern gefährlich werden. Surfkurse und Materialverleih werden in allen Strandorten angeboten. Für die Qualität der Schulen bürgt das Label der Féderation Française de Surf (www.surfingfrance.com).
An über einem Dutzend Spots zwischen Port-Camargue und St-Cyprien können Sie sich im **Kitesurfen** üben. Immer häufiger sieht man auch **Wingsurfer** über die Wellen flitzen. Kurse und Materialverleih für Kite und Wing bieten die *écoles de kite* (https://prokite.fr).

Wandern
Mehr als 6300 km ausgewiesene Wanderwege machen das Reisegebiet zu einem Paradies für Wanderer. Die Region überzieht ein dichtes Netz von gelb markierten **Tages- und Halbtagestouren** *(chemins de petites randonnées – PR)*. Viele Offices de Tourisme verkaufen Wegbeschreibungen und Karten der örtlichen Wanderpfade. Die sogenannten *rando-fiches* gibt es allerdings nur auf Französisch. Die Fédération Française de la Randonnée Pédestre stellt die schönsten Routen der Region und der Départements in ihren »TopoGuides« vor, die im örtlichen Buch- und Zeitschriftenhandel oder über das Internet vertrieben werden (www.ffrandonnee.fr).
Mehrere **Fernwanderwege** *(chemins de grandes randonnée – GR)* durchqueren ebenfalls das Reisegebiet. Sie sind nummeriert und rot-weiß gekennzeichnet. Drei der Fernwanderwege folgen den mittealterlichen Pilgerrouten: Via Podiensis (GR 65), Via Tolosana (GR 653) und Chemin de Régordane (GR 700). Info: https://gr-infos.com.
Zur Orientierung sind die **Wanderkarten** des Institut Géographique National (www.ign.fr) im Maßstab 1:25000 sehr zu empfehlen.

Wellness
Die Occitanie ist mit 28 Stationen die wichtigste **Thermalregion** Frankreichs. In den Küstendépartements laden zehn anerkannte Bäder ein zu Kuren und Spa. Die Kurbäder sind fast immer am Namenszusatz ›les-Bains‹ zu erkennen (www.visit-occitanie.com/de/hobbys/aktivitaten-und-natur/wellness-spa/).
Am Meer verwöhnen mehrere Hotels mit **Thalassotherapie** (www.thalasso-line.com). Das Wellness-Programm umfasst u. a. Meerwasserduschen, Meerschlammwickel, Algenpackungen, Massagen, Sauerstofftherapie, Wassergymnastik.

Wintersport
In den Pyrenäen finden sich acht Skizentren mit insgesamt 150 km Pisten und 300 km Loipen auf 1500 bis 2600 m Höhe. Info: www.neigescatalanes.com.

ÜBERNACHTEN

Im Languedoc gibt es Hotels, Ferienhäuser, Gästezimmer und Campingplätze für jeden Geschmack und jeden Geldbeutel. Im Juli und August sind viele Unterkünfte in den Touristenhochburgen jedoch weit im Voraus ausgebucht und die Preise liegen um ein Zwei- bis Dreifaches höher als in der Nebensaison. Zwischen Allerheiligen und Ostern verwaisen die Ferienstädte am Meer. Nicht nur Campingplätze, sondern auch viele Hotels sind

dort dann geschlossen, während in den Pyrenäen Hochbetrieb herrscht.
Einen Überblick über die Unterkunftsmöglichkeiten gibt die regionale Tourismuszentrale (www.visit-occitanie.com/de). Die Website stellt auch nachhaltige Unterkünfte vor mit den entsprechenden Öko-Labels.

Hotels

Französische Hotels werden je nach Standard mit ein bis fünf Sternen klassifiziert, wobei der Charme eines Hauses unberücksichtigt bleibt. Die Übernachtungspreise schließen das Frühstück in der Regel nicht mit ein. Alleinreisende zahlen häufig den vollen Tarif. In Hotels mit gutem Restaurant lohnt es, Halbpension zu wählen. In der Hochsaison ist sie mancherorts obligatorisch.
Verlässliche Hotel- und Restaurantkritiken finden sich bei Michelin (www.viamichelin.com) und Gault-Millau (https://fr.gaultmillau.com).
Ein gutes Preis-Leistungsverhältnis und eine solide Ausstattung bieten die am gelbgrünen Kaminsymbol erkennbaren **Logis de France,** die meist als Familienbetrieb geführt werden (www.logishotels.com/de). Höchsten Ansprüchen genügen die Häuser der Verbände **Les Collectionneurs** (www.lescollectionneurs.com). und **Relais et Châteaux** (www.relaischateaux.com). Wer auf der Durchreise eine preiswerte Unterkunft sucht, findet an fast jeder Autobahnausfahrt ein Formule 1 oder ETAP Hôtel (www.hotelsautoroute.fr).

Chambre d'hôtes

Die Unterbringung im *chambre d'hôtes*, die französische Variante des britischen B&B, erfreut sich großer Beliebtheit, gibt sie doch Gelegenheit, Land und Leute näher kennen zu lernen. Das Angebot reicht vom einfachen Zimmer mit Etagenbad bis hin zu luxuriösen Suiten auf Weingütern oder Schlössern. Letztere sind zwar oft landschaftlich schön, aber einsam gelegen, und die Anfahrt über holprige Feldwege kann abschreckend wirken. Das Frühstück ist in der Regel im Übernachtungspreis enthalten. Einige Vermieter stellen ihren Gästen eine Küche zur Selbstversorgung zur Verfügung, andere laden an die *table d'hôtes* (Gästetisch) zum gemeinsamen Abendessen ein. Eine rechtzeitige Reservierung ist bei dieser Form der Beherbergung unerlässlich. Über das Angebot informieren Clevacances (www.clevacances.com) und Gîtes de France (www.gites-de-france.com) sowie die großen Hotelportale.

ÜBERNACHTUNGSPREISE

€	unter 100 Euro
€€	100 bis 160 Euro
€€€	über 160 Euro

Preise für ein Doppelzimmer

Ferienhäuser und Apartments

Ferienhäuser und Apartments sind neben Campingplätzen die verbreiteste Beherbergungsart in den Touristenzentren an der Küste. Zwei frankreichweit operierende Organisationen – Gîtes de France und Clevacances (s. o.) – helfen bei der Suche nach dem passenden Objekt. Je nach Lage, Größe und Ausstattung erfolgt die Klassifizierung der Unterkünfte mit ein bis vier Ähren *(épi)* bzw. ein bis fünf Schlüsseln *(clé)*.

Jugendherbergen

Eine *auberge de jeunesse* gibt es in, Carcassonne, Montpellier, Nîmes, Perpignan, Quillan und Sète. Die Häuser sind eher schlicht ausgestattet, aber die Übernachtung ist unschlagbar preiswert. Ein internationaler Jugendherbergsausweis ist erforderlich (www.fuaj.org).

Camping

Die Auswahl an Campingmöglichkeiten an der 220 km langen Küste ist immens groß, und dennoch buchen passionierte Camper ihren Lieblingsplatz bei der Abreise gleich fürs nächste Jahr.
Ob man nun idyllisches Camping auf dem Bauernhof bevorzugt oder das Riesenterrain mit Pool, Tennis, Disco und Veranstaltungsprogramm – jeder wird das Passende finden. Vielerorts können

Der kulinarische Start in den Tag fällt in Frankreich eher bescheiden aus. Nur wenige Hotels servieren ein reichhaltiges Buffet zum *petit déj(euner)*, die meisten halten es mit Baguette und Marmelade wie die Franzosen daheim. Vor allem das begleitende Getränk enttäuscht oftmals: Wie soll so ein Blümchenkaffee die Lebensgeister wecken? Machen Sie also einen kleinen Morgenspaziergang, kaufen beim Bäcker ein frisches Croissant und bestellen dazu in einer Bar *un café, un double* oder *un grand crème*.

Bungalows, Hütten, Wohnwagen oder fest installierte Zelte gemietet werden, darunter sowohl Glamping-Angebote als auch spartanische Baumhäuser oder Blasenzelte zum Sterne gucken (https://campingqualite.com).

VERKEHRSMITTEL

Bahn und Bus

liO Occitanie heißt das regionale Nahverkehrssystem. Praktisch für Vielfahrer ist die gleichnamige App. Infos unter www.lio-occitanie.fr

Nahverkehrszüge (liO Train bzw. TER) fahren mehrmals täglich auf den Hauptstrecken Nîmes – Montpellier – Perpignan und Narbonne – Carcassonne – Toulouse sowie auf den Nebenstrecken Nîmes – Ales, Nîmes – Grau-du-Roi, Béziers – Bédarieux, Carcassonne – Quillan, Perpignan – Villefranche. Auf fünf Strecken kostet das Ticket immer 1 €, ansonsten je nach Kapazität, Wochentag und Uhrzeit ab 1 € (www.ter.sncf.com/occitanie).

In den größeren Städten – mit Ausnahme von Montpellier– gibt es einen zentralen **Busbahnhof** *(gare routière)*. Die **Busverbindungen** auf den Hauptstrecken sind werktags gut, sonntags ist der Verkehr eingeschränkt. Sogar viele Orte im Hinterland sind per Bus gut zu erreichen. Das Einzelticket kostet unabhängig von der Streckenlänge innerhalb eines Départements 1–2 € (10er-Ticket 13–15 €) und ist 2 Std. gültig.

Auto

Verkehrsregeln: Das Tempolimit beträgt innerorts 50 km/h, auf Landstraßen 90 km/h bzw. 80 km/h bei Nässe, auf Schnellstraßen 110 km/h bzw. 100 km/h, auf Autobahnen 130 km/h bzw. 110 km/h. Vielerorts überwachen fest installierte Radargeräte die Geschwindigkeit. Die Alkoholgrenze liegt bei 0,5 Promille. Es besteht auf allen Sitzen Anschnallpflicht. Die Handybenutzung während der Fahrt ist verboten. Autos im Kreisverkehr haben Vorfahrt. Das Schild ›*Toutes Directions*‹ weist Durchreisende durch Städte und Dörfer.

Verwarnungen: Die Geldbußen für Verkehrssünder sind drastisch und werden auch grenzüberschreitend zugestellt.

Parken: In Nîmes und Montpellier steuern Sie am besten die kostengünstige P+R-Plätze am Stadtrand an, überall sonst parken Sie am bequemsten in den ausgewiesenen und meist überwachten Parkhäusern. In der *zone bleue* darf nur mit Parkscheibe geparkt werden. Ein gelber Streifen am Straßenrand bedeutet absolutes Halteverbot.

Tanken: Das Netz an SB-Tankstellen ist dicht. Bezahlt wird per Bank-/Kreditkarte mit Pin. Benzin *(essence)* SP95 und SP98, Biotreibstoff *(biocarburant, SP95-E10)* und Diesel *(gazole/gasoill)* kosten ähnlich viel wie in Deutschland. Am preiswertesten sind die Stationen der Supermärkte. SP95 wird oft nicht mehr angeboten und auch SP98 gibt es nicht überall. Tankstellen ebenso wie Ladestationen fürs E-Auto *(borne électrique)* sowie Spritpreise findet man unter www.carburants.org.

Unfall: Auslandsversicherungskarte und Auslandsschutzbrief vereinfachen im Falle eines Unfalls die Einigung mit dem Unfallgegner und mit dessen Versicherung. Unbedingt ein internationales Unfallprotokoll mitführen!

O-Ton Languedoc

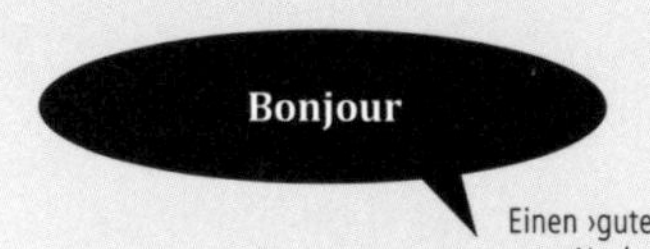

Einen ›guten Tag‹ wünschen Sie zur Begrüßung. Schon am Nachmittag ist *bonsoir* (guten Abend) zu hören.

machin

Dings
Universalwort, wenn Ihnen eine Vokabel oder ein Name nicht einfällt. Alternativ auch *truc*.

BON APPETIT!

Guten Appetit!
Kurz vor 12 Uhr mittags lautet so gemeinhin der Gruß.

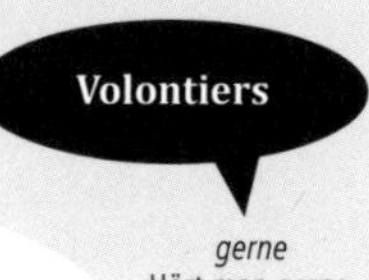

gerne
Hört man gerne.

TOUTES DIRECTIONS

Alle Richtungen
Wenn das Navi versagt, hilft dieses Schild aus der Stadt hinaus. – Nicht immer auf dem kürzesten Weg.

Merci

danke
Ist nicht nur eine Schokoladensorte.

Kurz für *impeccable*, wenn alles optimal läuft.

ÇA MARCHE

das läuft
Bedeutet: ›geht in Ordnung‹, ›das klappt‹.

le midi

der Mittag
Gemeint ist der Süden, denn dort steht am Mittag – aber nicht nur dann – die Sonne hoch.

Ausruf der Verärgerung, wenn es nicht läuft.

à plus

bis später (korrekt: à plus tard)
»A plus« – mit gezichtem ›S‹ am Ende – heißt es lässig zum Abschied. Alors à plus dans le Midi!

Das Klima im Blick
Reisen bereichert und verbindet Menschen und Kulturen. Wer reist, erzeugt auch CO_2. Der Flugverkehr trägt in erheblichem Maße zur globalen Erwärmung bei. Wer das Klima schützen will, sollte sich – wenn möglich – für eine schonendere Reiseform entscheiden oder die Projekte von atmosfair unterstützen. Flugpassagiere spenden einen kilometerabhängigen Beitrag für die von ihnen verursachten Emissionen und finanzieren damit Projekte in Entwicklungsländern, die dort den Ausstoß von Klimagasen verringern helfen (www.atmosfair.de). Auch die Mitarbeiter des DuMont Reiseverlags fliegen mit atmosfair!

Abbildungsnachweis

Getty Images, München: S. 100 (AFP/Raymond Roig); 40 (Alan Copson); 79 (George Steinmetz); 106 (Nigel Noyes); 104 (Owen Franken)
Glow Images, München: S. 76, 105 (Deposit photos); 26 (SuperStock)
Huber-Images, Garmisch-Partenkirchen: S. 73 (Hans-Georg Eiben); 84 (Luigi Vaccarella); 11 (Matteo Carassale); 20 (Maurizio Rellini); 30 (Roland Gerth)
laif, Köln: S. 120/2 (Allpix/Eric Catarina); 120/4 (Allpix/Patrick Aventurier); 120/6 (Gamma-Rapho/Bertrand Laforêt); 48 (Gamma-Rapho/Bruno de Hogues); 120/1 (Gamma-Rapho/Keystone-France); 39 (hemis.fr/Arnaud Spani); 63 (hemis.fr/Jean-Pierre Degas); Titelbild, Faltplan (hemis.fr/Lionel Montico); 85 (hemis.fr/Patrick Escudero); 94 (hemis.fr/Patrick Frilet); 25, 49 (hemis.fr/Rene Mattes); 120/7 (Keystone Schweiz); 120/3 (Leemage/Opale/Hannah Assouline); 29 (Patrick Frilet); 120/5 (REA/Lydie Lecarpentier); 92 (REA/Pierre Merimée); 120/9 (UPI/David Silpa)
Marianne Bongartz, Köln: Umschlagklappe hinten, Umschlagklappe vorn, 4 o., 4 u., 7, 8/9, 14/15, 18, 32/33, 35, 44, 47, 52, 54/55, 58, 59, 62, 65, 66 o., 66 u., 68/69, 72, 80, 81, 83, 86/87, 95, 96, 103, 120/8
MATO, Hamburg: S. 99 (Onlyfrance/Bertrand Bodin)
Mauritius Images, Mittenwald: S. 42 (Alamy/Digitalman); 90 (Alamy/Provence); 91 (Alamy/Rolf Richardson); 60 (imagebroker/Peter Giovannini); 23 (Rene Mattes)
Zeichnung S. 3: Gerald Konopik, Mammendorf
Zeichnung S. 5: Antonia Selzer, St. Peter

Kartografie

© KOMPASS-Karten GmbH, A-6020 Innsbruck; DuMont Reiseverlag, D-73751 Ostfildern

Bildlegenden

Titelbild: Bis an den Fuß des Mont St-Clair scheinen sich die Reihen der Austerntische über den Etang de Thau zu erstrecken. In den Fluten der Lagune, erzählten die alten Fischer, soll eine an Schätzen reiche antike Stadt untergegangen sein. Das Geläut ihrer Glocken sei bei Ostwind immer noch zu hören.
Umschlagklappe hinten: *C'est le vrai sud* – das ist der wahre Süden, wenn im Sommer die engen Dorfgassen zum Lebensmittelpunkt werden.

Hinweis: Autorin und Verlag haben alle Informationen mit größtmöglicher Sorgfalt geprüft. Gleichwohl erfolgen alle Angaben ohne Gewähr. Bitte schreiben Sie uns! Über Ihre Rückmeldung zum Buch und Verbesserungsvorschläge freuen sich Autorin und Verlag:
DuMont Reiseverlag, Postfach 3151, 73751 Ostfildern,
info@dumontreise.de, www.dumontreise.de

3., aktualisierte Auflage 2024

Autorin: Marianne Bongartz
Grafisches Konzept: Eggers+Diaper, Potsdam
Printed in Poland

Kennen Sie die?

9 von rund 2,8 Millionen Menschen im Languedoc

Georges Brassens

Als Jugendlicher brannte er nach Paris durch. Mit seinen Chansons über Gott, die Liebe, das Leben, die Freundschaft und den Tod wurde er weltberühmt. Seine letzte Ruhe fand er in seiner Heimatstadt Sète.

Juliette Gréco

Die Schauspielerin und Grande Dame des Chansons galt als Muse der französischen Existenzialisten. Ihr Geburtsort Montpellier verlieh ihr die Ehrenbürgerschaft.

Michel Galabru

Er wuchs im Hérault auf. Berühmt wurde er an der Seite von Louis de Funès als Gendarme von St-Tropez. Unvergessen auch sein kurzer Auftritt bei den »Sch'tis« als schrulliger Alter, der den Norden Frankreichs so fürchtet.

Olivia Ruiz

Mit 21 wurde die Sängerin aus dem Aude Zweite bei Star Academy, dem französischen Pendant zu DSDS. Der große Durchbruch gelang 2005 mit dem Album »La Femme chocolat«, das es in Deutschland auf Platz 43 schaffte.

Pierre Soulages

Mehr als 40 Jahre verbrachte der Maler viel Zeit in seinem Atelier auf dem Mont St-Clair in Sète zwischen Meer und Himmel. Dennoch, seine Bilder sind monochrom schwarz. Zu sehen im Museum seiner Heimatstadt Rodez.

Bernadette Lafont

Die gebürtige Nîmoise wurde in den späten 1950er-Jahren für den französischen Film entdeckt, spielte unter der Regie von François Truffaut und Claude Chabrol. Für ihr Lebenswerk erhielt sie 2003 einen Ehren-César.

Charles Trenet

Als Schauspieler, Dichter, Komponist und Sänger machte der gebürtige Narbonnais in der Hauptstadt Karriere. Sein vielleicht schönstes Lied ist »La mer«.

La Mamma

Sie ist das Werk von Richard Di Rossa, genannt Buddy, und wacht über den Place de l'Hospitalet im Quartier Haut in Sète.

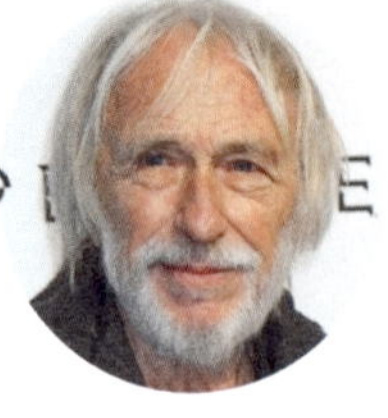

Pierre Richard

»Der große Blonde mit dem schwarzen Schuh« fand in den1980er-Jahren eine neue ›Rolle‹ als Winzer auf dem Château Bel Evêque bei Gruissan.